JN045311

［復刻版］

天孫人種六千年史の研究

二

[復刻版]

天孫人種六千年史の研究

二

奪われし日本【復活版】シリーズとは？

「友は強し」を合言葉に、必要な書籍を必要な方へ――たとえ１００部からでもお届けする！　そんな出版社「ともはつよし社」が企画した書籍をヒカルランドが販売していく――必然のコラボレーション！　それが「奪われし日本【復活版】シリーズ」です！　きびしい出版業界の中で「志」一本でお届けする珠玉の作品群――ご愛顧のほど、よろしくお願い申し上げます♪

天孫人種六千年史の研究 二　目次

第三篇　天孫人種系氏族と所祭神 …… 25

第二段　日神を稱ふる氏族 …… 25

第一章　吾田國主長狹族と長屋神長狹神及天孫と內山田神 …… 25

第一節　吾田國笠狹碕の語原 …… 25

第二節　長屋は海神鎭護地 …… 28

第三節　長狹神と內山田神 …… 30

一　皇室第一の神祭地 …… 30

二　皇孫降臨と第一の王都 …… 34

第四節　大山津見神の本質 …… 36

一　大山津見神には山海の二義あり……36
二　大山津見神の人種説……39
三　大山津見神の神裔説……41
四　吾田國主と皇室第一の外祖父……43
第五節　長狹族は日神氏……45
第六節　天孫は一夫一婦主義、國神は一夫多妻主義……46

第二章　伊勢國宇治土公と宇治神、山田神及大神宮……48

第一節　度會、五十鈴の語原……48
第二節　猿田彦神……50
一　衢神、猿田彦神は神の王たる海神……50
二　猿田彦神は海神として祀らる……53
三　天孫降臨に先驅の神話は後世の作爲……55
第三節　宇治土公の人種觀……57
第四節　皇大神宮……61

一　內神、宇治神及幽契神話……61
二　御鎮座の原因……64
三　御祭神は日神たる皇祖であらせらる……66
第五節　山田の度會宮に本來海神を祀らる……68
一　山田神は衢神たる猿田彦神……68
二　山田神は山田比賣命の父大水神たる大山罪御祖命……71
三　外宮を先づ祭祀御參拜ある原因……73
第六節　豐受大神宮……76
一　本來奈具神を宇氣神に變稱せらる……76
二　奈具神鏡は大和國三諸宮より遷さる……78
三　奈具神の原名と移祭の原因……85
四　內宮外宮の稱……86
第三章　伊豫小市國造越智族と大長宇津神、大山積和多志大神、御鉾神……87

第一節　伊豫二名洲は海神稱號 …… 87

第二節　大長宇津神は日神鎮護地 …… 89

第三節　大山積和多志大神 …… 91

第一　本來海神にて山神は兼備の神德 …… 91

一　祭神の本質 …… 91

二　海上有縁の靈として祀らる …… 96

三　神使と神紋 …… 100

四　山神は海神の兼德 …… 102

第二　伊豫三島神、伊豆三島神、賀茂建角身神、三社同神にて天社 …… 108

第三　津國三島神と同神說 …… 110

一　三島鴨神は前出雲系の事代主神 …… 110

二　三島溝咋はチアム系の水神 …… 114

第四　百濟國より渡來說 …… 117

第五　三島の名稱と地の御前 …… 119

一　津國三島と伊豫三島との關係 …… 119

二　伊豫三島の古名と地の御前……120
第六　鎭座と社地移動說……122
第七　社殿順序……124
第四節　小市國造越智宿禰……126
第一　越智族は日神氏……126
第二　假冒說……129
一　物部連同祖說……129
二　孝靈天皇出自說……131
第三　祖神と祖先……135
一　大山積神祖神說……135
二　御鉾神祖先說……142
第四　小市國造の舊趾……148
第五節　紋章……151
第六節　伊豫二名稱號の起因……155
第七節　愛媛稱號は本來日神名……162

第八節　疑問の氷解……164

第四章　紀伊國造名草（宇治）族と名草神、竈山神及日前神、國懸神……166

第一節　日前國懸神……166

一　日前神の語原……166

二　國懸神の本質……168

三　鎮座と社殿順序……172

第二節　紀伊國造と所祭神……175

一　紀伊國造名草（宇治）族と名草神……175

二　竈山神の本質……178

三　明光（和歌）浦は火神名……182

第五章　宇佐國造宇佐族と八幡神、宇佐神……184

第一節　宇佐國造宇佐族……184

第二節　八幡神と宇佐神 …… 185
第三節　鎭座と社殿順序 …… 193

第六章　儺國安曇連名草族と志賀海神、宇都志日金拆命、穗高見命 …… 195

第一節　儺國、奴國、儺津、博多津の語原 …… 195
第二節　安曇連と所祭神 …… 198
一　安曇連の語原 …… 198
二　祖神たる綿津見神 …… 199
三　祖先たる宇都志日金拆命、穗高見命一名穗己都久命 …… 200
第三節　海神國名稱の由來 …… 203

第七章　大和國造珍彦族と倭大神及若狹族、明石國造 …… 204

第一節　大和國造珍彦族 …… 204
第二節　倭直祖市磯長尾市と倭大神 …… 206

第三節　大和國號は海神名（やまとのこくごうはかいじんめい）……208
第四節　若狭國珍彦族と若狭彦神、若狭比賣神（わかさのくにうずひこぞくとわかさひこのかみ、わかさひめのかみ）……209
一　祭神と所祭氏族（さいじんとしょさいしぞく）……209
二　海神及水神として祀る（かいじんおよびすいじんとしてまつる）……212
第五節　明石國造珍彦族と海神、明石神（あかしのくにのみやつこうずひこぞくとわたのかみ、あかしのかみ）……214
一　明石國造と海神（あかしのくにのみやつことわたのかみ）……214
二　明石神は火神（あかしのかみはひのかみ）……216
解説　板垣英憲……217

挿圖（そうず）

二
三　長屋津笠狹の地理（ながやつかささのちり）……32
四　笠縫三諸宮の地理（かさぬいみもろのみやのちり）……81
五　大三島神社地理（おおみしまじんじゃちり）……97
六　國幣大社大山祇神社々殿配置圖（こくへいたいしゃおおやまづみじんじゃしゃでんはいちず）……125

七　小市國造古跡地理……150
八　大三島神社と越智氏の紋……154
九　日前國懸神宮社殿配置圖……174
十　宇佐八幡宮社殿配置並旧社地々理の圖……194

目次

序　寛　克彦

序　三島敦雄

第一篇　總論

第一　世界東西文明の大祖スメル人種の大宗家たる我が皇室並日本民族

緒言……研究方針……天孫人種はスメル人の系統……日本原始民族構成人種……スメルの地は人類原始的故郷と信ぜらる……バビロニア文明は世界東西文化の基礎……スメル國名の起因……天皇の尊號……皇國……バビロニアの日像鏡、月像頸飾、武神の表像劒……三種神器……菊花紋章……スメル國は神宮を都市の中心とす……バビロニアの神名……日本に於けるバビロニアの神と氏族……日本の國號オホヤマト、秋津洲、伊豫二名洲、筑紫洲……海神を祖神、日神火神を祖先といふは原始思想……我が國に於けるバビロニアの神職名……皇室の所祭神……外宮を先づ祭祀せられ陛下の先づ御參拜ある原因……スメル人の宇宙觀……天孫人種語の變化……日本の國號大倭の一稱日高見國は日神國の義……日本語の複雜……高天原說

スメル人のバビロニア定住……スメル國の沿革……スメル文明は土地の環境にも原因する……バビロニアの本國はスメル、アッカドの二州より成る……アッカド州の都市名……スメル州の都市名……バビロニア都市の主神……光明教と日本神道及國民性の一致……スメル時代神宮の構造……風俗習慣の酷似……左右尊卑思想の一致

バビロン第一王朝……一夫一婦主義はスメル人の理想……スメル人海國建設の動機……スメル文明の退化……スメル語の廢絕……スメル人の記字法は東洋流……カシット王朝……アッシリア時代……スメル人の海國バビロニア、アッシリア封鎖……新バビロニア王國……バビロニアの荒廢

バビロニア人の他鄉移住の機會……海國建設と天孫人種諸氏の海神祭祀の關係……我が國に於けるバビロニア系氏族……東洋移住は海路……スメル人のタイプ、セミット人のタイプ

我が皇室の淵源……南九洲に於ける皇室の御遺跡……天降神話の兩面觀……高千穗宮趾

……神武天皇東移途次の諸氏……天孫の天降は武力侵入に非ず……日本人種構成の種族と所祭神……日本民族は特異の結晶……天孫人種の文明創設紀元六千年

第二　天孫人種傳統思想の本源

スメル國は一家の增大……スメル人は家族主義……君主大家長主義……セミット族は個人主義……日本家族主義國家の淵源……君主は神格の修養に勉む……祭政一致の義……天壤無窮の神勅は天啓にて又史的大詔……高千穗天降神話は本來スメルの國……豊葦原國は世界……皇孫の天降は世界神國化に在り……天孫人種、天降人種の義……君民同祖の信仰を變改されても史實を忘失せず……君主、國民、國土の三位一體理想の一致……世界神國化、世界大家族化……王道國家の共存共榮主義……上下數千年我が皇室傳統の國家經營の大精神……神道の神性は民族の大生命……神と人の連絡は家族主義なるに因る……神道は偶像崇拜、自然物の崇拜は非ず……神道は多神にして一神……神靈祭祀の原因……一夫一婦主義は天孫人種根本理想の復活……基督教佛教もバビロニアの神話思想言語習慣を踏襲……覇道の國家……左傾思想者と多數者專制政治の弊……天皇の御本質と外國君主……神ながらの道の包容性……東西文明の復歸……我國體と神ながらの道の徹底……國民思想の大磐石の土臺……我が皇室は人類の大君主たる天德の具り賜ふ御存在……日本民族の天職……世界平和の基柢

第二篇　我が皇室の淵源

第一章　天皇の尊號と理想信仰
第一節　スメラ（天皇）の原語スメ、スメル
第二節　アキツ神（天皇）、スメラギ（天皇）は火神アグの稱號
第三節　ミコト（尊、命）ミカド（天皇、帝）の原語ミグト
第四節　皇孫瓊々杵尊は日神ニンギルス神宮の稱號
第五節　神武天皇金鵄の瑞は日神バッバルの信仰
第六節　建國の大理想大信仰の淵源と天壤無窮の神勅
第二章　三種の神器
第一節　八咫鏡
第一　ウツの神鏡、ヒノクドマの神鏡、奈具神鏡
第二　日像改鑄の實例と我が皇室の御系統
第二節　草薙剣は熱田神たる軍神アッダド
第三節　八坂瓊之五百箇御統は月神シンの表像
第三章　菊花紋章は旭日の美術化

第三篇　天孫人種系氏族と所祭神

第一段　天孫族

第一章　大隅國天孫と鹿兒神、內山田神、筒之男神

第一節　天孫降臨の靈跡高千穗、韓國嶽の語原

第二節　第二王都と神祭

第一　鹿兒神

一　鹿兒神は火神

二　火火出見尊の原名

第二　內山田神

一　內神は日神

二　山田神たる八幡神は海神

三　八幡と祭神傳說

第三　高千穗宮

一　宮趾と天降神話發生の原所

二　皇國たる大隅國號の原所

三　火火出見尊の山陵

第三節　橘小戸阿波岐原の原所
一　橘 阿波岐の語原
二　橘小戸の原所
第二章　吾田大隅火闌降族と枚聞神、鹿兒島神、新田神
第一節　吾田小橋君吾平族と枚聞神、吾平山陵
一　小橋君吾平族、枚聞神の本質
二　小橋君の語原
三　吾平山陵の原所と本質
第二節　大隅國 造と鹿兒島神、高屋山陵の本質
第三節　薩摩國 造と新田神、可愛山陵の本質
第四節　火闌降族の系統
第三章　尾張國 造火明族と熱田神、内神、及名古屋神
第一節　尾張國 造
一　系 統
二　尾張、高尾張の語原
第二節　熱田神

一　熱田の語原
二　祭　神
三　鎮　座
第三節　内神と彌彦神
一　内神は日神
二　彌彦神と天香語山命
第四節　名古屋は海神鎮護地
第四章　津國火明族津守連と大海神、住吉神
第一節　津國、玉野國、大隅、墨江、名兒、難波津の語原
第二節　津守連と大海神
第三節　住吉神
一　住吉神は南風神
二　鎮　座
三　社殿順序と祭神
第五章　丹後國火明族海部直と籠神並但馬國造と周敷連
第一節　丹後國與謝、海部直

第二節　竈神は火神
第三節　籠守明神は火神杜明神
第四節　但馬國造及周敷連と所祭神
解説　板垣英憲
挿圖
一　高千穂宮及橘小戸阿波岐原の地理
二　住吉神社々殿配置圖

三　目次

第三篇　天孫人種系氏族と所祭神
第三段　職掌を稱ふる氏族
第一章　物部連宇摩志麻治族と物部神
第一節　宇摩志麻治は禁厭を掌る神職名

第二節　物部の語原
第三節　物部連は本來神祇の職
第四節　異姓の氏族も物部連を稱ふ
第二章　忌部首、中臣連、天日鷲神
第一節　忌部首と所祭神
一　忌部首は本來祓詞を讀む神職
二　太玉命と天比理刀咩命
第二節　中臣連と所祭神
一　中臣連は本來神饌を掌る神職
二　枚岡神と春日神
第三節　阿波忌部の祖天日鷲神
第三章　猿女君、久米直、大伴連
第一節　猿女君と所祭神
一　猿女君は神託を求むる神職
二　天宇須賣命と賣太神
第二節　久米直、大伴連

第四段　諸氏と神祇

第一章　淡路伊弉諾神

第一節　淡路、伊弉諾神の語原と本質

第二節　阿波の本源は淡路島

第三節　多賀大神の語原

第二章　茅渟の茅渟族と賀茂建角身神

第一節　茅渟の茅渟族

第二節　賀茂建角身神

一　武茅渟祇は建角身神と同名同神

二　武茅渟祇と陶津耳の本居

三　賀茂御祖神

第三節　建角身神と伊豫三島神、伊豆三島神と同神説

第四節　本社は天神即天社

第三章　安藝國造飽族と大山積神、飽速玉命、嚴島神

第一節　安藝國造飽族

一　安藝國造と大山積神の神裔説
二　佐伯の氏稱と其の語原
第二節　飽速玉命
第三節　嚴島神の本質
一　嚴島には本來月神を祭る
二　市杵島姫神は宗像三女神に非ず
三　市杵島姫神は日神なり
四　埃宮、多祈理宮
第四章　伊豆國造と三島神、天蕤桙命
第一節　伊豆國の語原
第二節　伊豆國造と天蕤桙命
第三節　三島神
一　スメル系の海神なり
二　伊豫三島神との關係説
三　事代主神に非ず
第五章　穴門國造と宇津神、住吉荒魂神

第一節　穴門國造と宇津神
第二節　住吉荒御魂神と穴門直祖踐立
第六章　信濃諏訪神
第一節　諏訪の語原
第二節　上諏訪社祭神の本質
一　南方刀美神の名義と神性
二　南方刀美神と事代主神の同神傳說
三　祭祀の習慣
第三節　下諏訪社祭神の本質
一　本來海神日神を並祭せらる
二　前宮の地が本來八坂刀賣神の鎭座地
三　神主及二社の關係
第四節　祭神混淆の理由
第七章　盧原國造と有度神、奈吾屋神
第一節　有度神と草薙神社
第二節　奈吾屋神
第三節　庵原國造

第八章　吉備族と所祭神

第一節　吉備國名の本源と前吉備族

第二節　後吉備族と加古族

第九章　秋津神、沼名前神、大多麻流神、風早國造

第一節　秋津洲國號の本源秋津神

第二節　沼名前神は大三島神社の地の御前

第三節　周防國名の本源大多麻流神

第四節　風早國造と所祭神

第十章　下毛野國造現々君と宇都宮神及上毛野國造

第一節　宇都宮神

第二節　下毛野國造現々君

第三節　上毛野國造と赤城神

第十一章　天野祝丹生祝と天野神、丹生都比咩神

第一節　天野祝と丹生祝

第二節　天野神と丹生都比咩神

第十二章　小竹祝及更科神
第一節　小竹祝
第二節　更科神
第五段　皇室と神祇
第一章　皇室に本來海神、日神、火神、御食津神、軍神等を並祭せらる
第二章　皇室と高天原神話との關係
第一節　大日孁貴と素盞嗚命の本質
一　御子神五男三女神と所祭氏族
二　素盞嗚命と所祭氏族
三　天孫族、天神族、地祇族
第二節　天孫降臨と建御雷神
第三章　結論
解説　板垣英憲

第三篇　天孫人種系氏族と所祭神

第二段　日神を稱ふる氏族

第一章　吾田國主長狹族と長屋神長狹神及天孫と內山田神

第一節　吾田國笠狹碕の語原

皇孫降臨して吾田の長屋の笠狹碕に至り給ひ、國主事勝國勝長狹を召され、因りて此處に宮殿を立て大山祇神の女吾田津姬を妃として、三皇子を生み給へりとは神話に見ゆる所である。太古薩摩の方域を吾田國といふ。吾田は一に闕駝とも記し濁音に呼ぶ。名義はスメル語のアッダ

和多(海)は吾田(海)の變化

吾田國は海神國の義

an (ilu)　A　da

で水（海）神の名、神の決定詞を附せねば水の義である。アは河海の區別なく一切の水を表象する語で、ダは助辭。日本で船底の水をアカといひ、印度語、羅甸語も同語なるは全くバビロニア語系統で、アイヌ語のアッカも同語である。

アッダが變化してワダ（海）となり、綿津見神、和田の原ともいふ。一説に吾田はワタル（渡）の轉で、前印度モン・クメール語系のイタル（到着、來）を意味する語で、ワタル、アタルともいひ、其の略ワタが吾田に轉訛したといふ説がある。これは倭人が南方から渡來した時の最初の上陸地としての著想であるが、併しワタ（海）は決して渡るが語原でなくしてアッダ（海）が原語である。普通に海を渡るの義に解釋するのは、倭人語系統の渡り到るの思想からであつて、バビロニア語では水を意味する海その者の義である。これは異人種語の類似から來た言語學上極めて煩しい點であるが、海を和多といふはアッダの轉訛であつて斷じて渡る義ではない。

日本に於ける原始バビロニア系の諸族は殆擧つて海神と日神等を並祀する習慣よりするも、

笠狹碕はカススにて最愛の義

殊に長屋の地名が海神鎭護地の名義なるによるも、海神國の義なることは更に疑ひがない。本來地名は神名に負ふ例なるが故に決して海國の義ではない。舊説に吾田の名義を私田の意といひ、或は他人の義と爲すが如きは恰も衆盲巨象を摸するの憾がある。

笠狹碕は原田氏發見の如く、セミチック・バビロニアンのカシュシュ（Kaššu）又はカスス（Kass）の轉訛、シュとスとは通音で最愛の義であらう。古事記、降臨の條に「於是詔之、此地者向韓國、眞來通笠沙之御前而、朝日之直刺國夕日之日照國也。故此地甚吉地詔而、於底津石根宮柱布斗斯理、於高天原氷椽多迦斯理而坐也」とあるに符合する。碕はスメル語のサク

Sak

地の頭の義である。笠狹は後世轉訛して加世田といふ。今三村に分れ、加世田、東加世田（唐仁原）、西加世田（片浦）といふ。阿多の西南なる大邑で天孫降臨の靈蹟は、今加世多村大字內山田に存在する。和名抄、阿多郡鷹屋郷は其の靈蹟たる鷹屋山を以て郷名としたるものである。書紀一書に、皇孫は長屋の竹島に登り給ふとある竹島は、新バビロニア語系に屬するアラビア古

語のダクdak（嶽）で、一に野間嶽といふ野間はヌマで、怒間國造と同語、ヌヌマの略、ヌヌはバビロニア新語の魚の義で海神を意味し、マは助辭である。

第二節　長屋は海神鎭護地

長屋は長屋津ともいひ、スメル語のナグヤーツ（NaguEa－tu）で、ナグは鎭護地、ヤーは海神、ツは入江、上陸場の義、吾田國長屋津は海神國の海神鎭護の津の意である。

長屋津の地理は、地理纂考に「長屋山東西三里、南北四里、加世田郷の中央に在り、土人今長永山と云ふ。膂宍之空國自頓丘、覓國行去、到二於吾田長屋笠狭之碕一矣云云とある長屋なり」と記し、その長屋山の東方萬野瀬川の北岸なる山村に阿多村がある和名抄の阿多郡阿多郷である。久米邦武氏は之れを踏査して、日本古代史に述べて曰く、「加世田岬には長屋山を起し、阿多加世田の界を流るる萬野瀬川は、薩南の群谿をいれて此の地に打出す。二千年前は今の如くに堆沙は廣濶ならずして、河口は阿多雙岸の岸に港をなしたるべし」と斷ず。太古は必ず阿多、笠狭方面にかけて灣入したる良港で、長屋山は港灣の西に突起し、大洋の風浪を防ぐに最も重要なる位置にあつた。

竹屋山下の皇居は灣の南に方り、長屋山の東に位し、風波の虞なく最も安全地帯で、且つ土地は廣濶で、古事記の朝日の直さす國、夕日の日照る國、此の地は甚吉き地と詔り賜へる地に適する。此の港灣の名稱に就ては、記紀に何等記載されて居ないが、謂ふまでもなく長屋津卽ちナグヤーヅである。或は阿多村、吾田津姫の名によりて吾田津ならんと思はるゝも根據がない。阿多村は吾田君（紀に火闌降命卽吾田君小橋等之本祖也）の居所の如く想像せらるゝも、小橋君吾平族は既說の如く枚聞神社の方面である。若し吾田一族がこの方面に本居するものありと假定するも、當時の事情に依れば、虞らく笠狹が本居である。此の阿多村は中世以後に於ける阿多郡の本據であつたことは疑ひなく、國名は此の村名から出でたるものでなく、吾田卽ち海神國といふ凡稱からである。それはこの阿多村は吾田津姫の本居の如く考へらるゝも、此の姫は記紀によるも笠狹碕に居られたることが明記されてあるから加世田が本居であつて、此の阿多村には決して關係を有たぬ。若し吾田君の根據地ならば、必ず日神海神を並祭した筈であるが、何等の形跡なきによるも、この村名の新しいことが知られる。故に此の長屋灣を阿多鄕名によりて吾田津とはいはれない。況や阿多鄕名のある時代には、既に灣は埋沒してゐたに相違ないからである。併し原始時代に於て吾田（海神）國の津であるから一に吾田津といふを妨げぬ。

　長屋卽ちナグヤーは海神鎭護の地であるから從つて港灣であつた。肥前の名護屋港、筑前國洞海の名籠屋、尾張國上名古屋、靜岡市賤機山の奈吾屋神社の類、悉く海港に關係あることが察知せられる。ナグヤー即ち海神の社は長屋津の西岸、長屋山の麓に祀られたであらう。併し後には加世田の內山田に日神と並祀せられた。

第三節　長狹神と內山田神

一　皇室第一の神祭地

波瀲嶽長狹嶽の所在

吾田國主を事勝國勝長狹といふ長狹は、スメル語のナグウツ（Nagu — ut）日神鎭護地の義の變ナグウサとなり、ナガサに略轉したるもので、紀伊國名草山に同じく日神鎭祭地の名である。古事記に「神八井耳命者、長狹國造等の祖也」とあるは和名抄安房國長狹郡である。火火出見尊の御子を彥波瀲武鸕草葺不合尊と申す波瀲武は、長狹嶽、名草山と同語、ナグウツダケの義で、日神鎭座の山によりて此の名は起因した。然るに後世新神話構成の際、波瀲の義に誤解せられ海邊の產屋で降誕し給へりと作爲した。その波瀲嶽即ち長狹嶽は、實に加世田の內山田に存じて居る無戶室神話の遺蹟を有する鷹屋山（竹ケ尾）がそれである。地理纂考に、

竹屋は日本書紀一書曰、吾田鹿葦津姫見二皇孫一曰、妾孕、天孫之子、不レ可二私以生一也。

竹屋山は嶽家山の義

無戸室は日神ウツの迷誤

鷹屋山は靈時の遺跡

皇孫曰、雖㆓復天神之子㆒、如何一夜使㆓人娠㆒乎、抑非㆓吾之子㆒歟。木花開耶姫甚慙恨、乃作㆓無戸室㆒、而誓之曰、吾所娠是若他神之子者、必不幸矣。是實天孫之子者、必當全生。則入㆓其室中㆒、以㆑火焚㆑室云云、凡此三子火不㆑能㆑害、及母亦無㆑所㆓少損㆒、時以竹刀截㆓其兒臍㆒、其所㆑棄㆓竹刀㆒、終成㆓竹林㆒、故號㆓彼地㆒曰㆓竹屋㆒とあり、今土人**神山**或は**竹屋が尾**、又は略して**竹が尾**ともいふ。山の高三十丁にて、絕頂四畝許平地あり、此所を皇子御降誕の跡と云ひ、卽無戸室の跡なり。西北の方面百間許下に竹林ありて凡二畝許あり、土人へらだけ山と呼べり。

と記し、また百圖考に「加世田郷は和名抄に鷹屋とす。里人竹屋尾とも稱ふ。蓋尾とは丘にて、猶竹屋の岡といへるにひとし」といひ竹屋の名義は嶽家の意で、峯の絕頂に存在する無戸室の遺跡、實は神祭地より起りたる名稱で、竹刀に據るといふは附會に過ぎぬ。

當時の皇居の跡は、鷹屋の西北の山下に在る。無論無戸室の遺跡といふは神話であつて事實ではない。實際は日神ウツを、ウツロ（空洞）に誤解してこの神話は構成されたるもので、ウツ（日神）をウツロに誤る例は少くない。然れは日神を祀られたる遺跡なるに論なく、神武紀に、靈時を鳥見の山中に立て皇祖天神を祭り給へりとあるに同じく、之れ亦靈時の遺跡である。

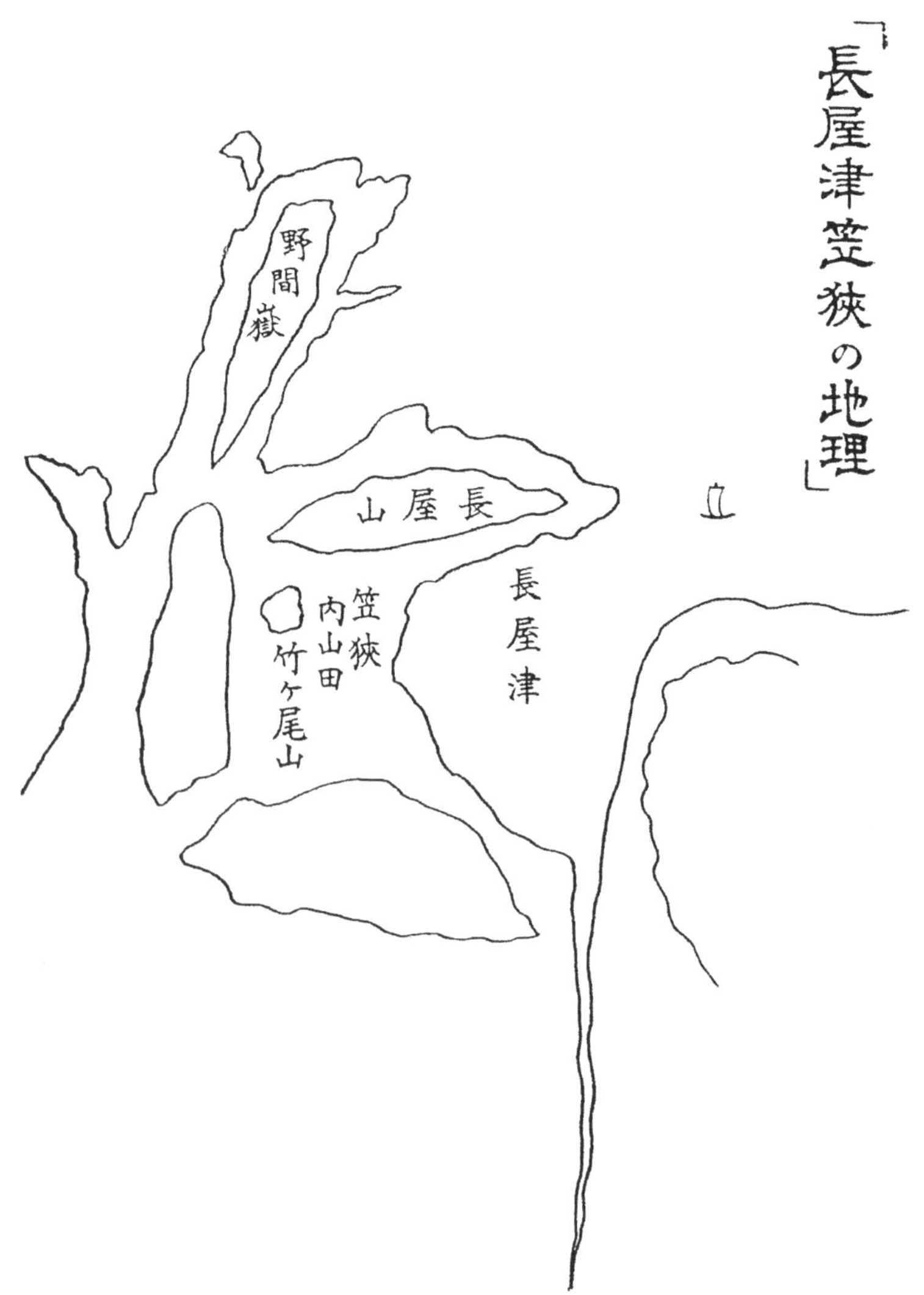
「長屋津笠狭の地理」
野間嶽
長屋山
長屋津
笠狭
内山田
竹ヶ尾山

鷹屋山が長狹嶽

內山田

火火出見神社

鳥見山中の靈畤の遺跡は、大和國宇陀郡榛原町海拔一千八百尺の高嶺に存する。宇陀は日神ウツの變で、榛原は日神バルの稱名とも思はれる。彼此共に山嶺を齋庭とせられたることが符合し、太古に於ける天神祭祀の模様が首肯せられる。バビロニアの平地では、神宮の構造を數階の高層として其の上層に神座を設けられた。これは太古山地に居住の時、山頂に祭祀したる遺風といふことであるから一致する。

然れば皇室の發祥地たる笠狹の鷹屋山無戶室の遺跡は靈畤の跡で、皇室第一の神祭地といふべく、此の日神鎭祭地が卽ちナグサ嶽である。日本書紀に、笠狹の地は國主事勝國勝長狹の居住地で、且つ皇居を置かれ、波瀲武鸕鶿草葺不合尊も笠狹の海濱、又は大隅內山田の海邊で誕生せられた趣である。國主の名も皇子の御名も共にナグサ嶽によりたる稱號なること、鷹屋山は本來ナグサ嶽と謂つたこと、所謂無戶室の火と花との神話は、このナグサ嶽と火神、山神とに因りて起りたることが察知せられる。

加世田村字內山田の內は、大隅國內山田の內、伊勢の宇治山田に同じく、ウツの轉で日神鎭座地の名、山田はヤーの變化で海神鎭座の地である。內山田には現に彥火々出見尊と豐玉姫命とが祭られたる縣社火々出見神社があつた。然るにそれを明治四十三年領主の祖先を祀る郷社竹屋神社に合併されたるは、日本建國史第一頁の史蹟を湮滅せしむるものであらう。東加世田村大字宮原の縣社竹屋神社（祭神彦火火出見尊、豊玉姫命）は、三國傳記に「始め内山田の竹屋ヶ尾の麓に在りしを、後此地に遷して一郷の總社とす」と記す。併しこの社は遷座にあらずしてその分祠たるは疑がない。

内山田の鷹屋山卽ち長狹山には、本來國主事勝國勝長狹によりてウツの神が祀られ、又長屋津にはヤーの神が祀られた。後に天孫降臨して此の地を王都に定められても、猶此の山を日神の祭庭とせられたることは、古典の趣と原始時代の事情によりて明かなる事實であらう。今、火火出見尊と豊玉姫命とを祀るは後世の變化に過ぎぬ。

二　皇孫降臨と第一の王都

皇孫高千穗の峯に天降り給ひて、長屋の笠狹に王都を定め給へるは、神話であると共に史的事實である。其の神話は日本に於て何等の根據なく作爲せられたるものでなく、實に數千年來民族固有の思想に淵源するものであつて、本來バビロニアに於ける信仰習慣そのものである。笠狹に於ける王都の遺跡は、地理纂考に、

當時の皇居遺趾は、卽竹屋の西北の山下なり、廣遠の平地にして今陸田なり、地名を裳

敷野と云、名義詳ならず。塵添埃嚢抄に「皇哀能忍耆命、日向國贈於郡高茅穂槵生峯にあまくだりまして、是より薩摩國閼駝郡竹屋村にうつり給ひて云々」、此所の四方に宮里、宮内、京峰等の地名あり、此は皇居の遺稱なる事論なし。

と載す。その裳敷野は本來モフノと訓む。敷はシキにあらずしてフと訓む例である。神武紀、紀伊熊野の丹敷戸畔、垂仁紀、五十瓊敷命を舊訓にニシキトベ、イニシキとあるも、正しくはニフトベ、イニフである。若狹遠敷、周敷（周布）の如く敷はフであって、丹敷は丹生と同語、ナブ（火神）の轉である。故にモフはマフで、マフはナブの變化、ナブがマフとなり、マシキ、モシキに轉訛したるものと知られる。此の地にヤー、ウツの神と共にアグの神たるナブの神も祀らるべきは勿論で、現に縣社火火出見神社が祀られてあった。故に第一の王都は竹屋山卽ち長狹嶽の日神を主神として經營せられたるに相違ない。ナブの神は長狹の祀る所にや不明であるが、皇室のアグの神を呼んで又ナブの神とするも怪しむに足らぬ。併し宮里京峯などの地名は勿論後世の僞作である。

大山津見神は海神ヤーの變化

第四節　大山津見神の本質

一　大山津見神には山海の二義あり

皇孫笠狹碕に於て大山津見神の娘吾田津姫を妃とし給ふとある大山津見神の本質に就ては、長屋津卽ちナグヤーツを略して單にヤーツといひ、ヤーツが山津に變化したるものと思はれる。卽ちヤーが山に轉じ、津がノの義のツに解せられ、ヤーツが大山津見神に變化するに至つた。其の事實は伊勢、伊豫、伊豆、安藝等の各章によるも證せられる。又山田、八幡、大和、山城等も本來同語である。

久米氏の日本古代史に

> 大山祇は此地方（吾田國）の君長なるべし。海神は筑紫君にて渡津（娜津卽ち博多津）を監し、山神は吾田君にて山津を監す。韓地閩地の兩交通貿易は、此兩監にて主宰したること娜津と笠狹碕との地理にても明白なり。

と、此の説の如きは新神話時代の傳説に據りて、而も海神山神を史的に觀察したる論で採るに足らぬのであるが、大山津見神といふ新神話構成の理由は、全くヤーツが山津に轉訛し、大山津見神といふに至つた次第である。併し吾田國大山津見神の神話は天地海三神結合の思想と關聯するのであるが、所謂火なき所には煙は立たぬ道理で、ナグヤーツの名稱は其の發生の根源である。娜津が海神國であるならば、吾田卽ち海神國であつて山神族にあらざることはいふまでもない。又閩地の交通説の如きは、日本人種を以て閩越種族とする考から出でたるものであるから、其の論據甚だ不徹底たるを免れない。

之に注意すべきは、ヤー（海神）の轉訛したる大山津見神は、山嶽崇拜の山神にあらずして海神として祀られたることである。從つて大山津見神には字の如く山神と海神との同名異神たる奇現象を呈した。伊勢皇大神宮では攝社大水神社として大山罪御祖命を祀り、又一名大水神とも大水上御祖命ともいひ、其の大水神の子山田姫命を宇治山田神社に祀られた。山田は海神ヤーの轉訛で、豐受大神宮の前身として海神が祀られてあつた。海神を水神として祀るは奇なる如きも、古代バビロニアに於ては、河海の區別なく一神兼備の神德で、それが後世海神と水神と分化するに至つた。故に我が國に於ても一神兼備の狀が察せらるる譯である。又伊豫大三島の國幣大社大山祇神社は、釋紀に引く伊豫國風土記に、大山積神一名和多志大神と記し、卽ち海神

鹿葦津姫の名義

吾田津姫の名義

地神は海神兼備の神德

山神たる大山祇神は新神話の名稱

ヤーの轉訛神で、日神たる大長宇津神と並び祀られた。

日本書紀に、木花開耶姫の本名を吾田津姫とも鹿葦津姫ともある、鹿は倭人語及同系統の韓語の水の義、葦は水邊植物である。故に海に關係ある緣語なるによるも、ヤー轉訛の大山津見神の御名として相應はしい。吾田津姫の名は、原始時代の名稱ならばヤーの神、卽ちアッダの神の姫として海（水）の女神の義と解せられる。若し新神話時代の命名ならば吾田國の姫の義である。併し木花開耶姫の名は山神に對する稱であるから最も新しい。要するに薩摩國には古來大山祇神を祀りたる神社の殆存在を認めずして、日神火神海神を祀られたる事實に因るも、山神たる神話の根據極めて薄弱なることが首肯せられる。

ヤーの神が山の神に轉訛されたるは上の如くであるが、バビロニアに於てヤーはエンキ（地の主の義）の神德を兼備した。それが後には分化して地神はエンリル（Enlil）といふ神となり、ヤーの神はエンリルの父といふことになつた。此の思想により海神は地神の德を兼備せられて居る譯なるが故に、ヤーの神が地神たる山神に轉訛するの可能性があり、又ヤーの神は山神の德を兼備せられて居るとも觀ることが出來る。伊豫大山祇神社の如きは其の適例である。後世ヤーの海神たることを忘失して山に誤解し、天地海三神結合の思想により山神としての神話が構成せらるゝに至つた。山神を大山津見神といふ名稱は、後世の新語であつて決して原始語ではない。

山神をチアム語では大山咋といふ、咋は人の義で神の尊稱語、山は倭人語で、近江の山王社はチアム族創祀に係る山神である。

かく古典に見ゆる大山津見神には、海神（水神）と山神の二種があつて、吾田國の大山津見神は海神ヤーの變化して遂に山神の神話神に化し、伊勢の大水神社及び伊豫大三島の大山津見神は共に海神水神であつて斷じて山神ではない。安藝國造孫裔の祖神といふ大山津見神も伊豆國造の祀る三島神たる大山積神も無論海神ヤーの轉訛神で、共に原始神を傳へたる貴重なる史實である。

二　大山津見神の人種說

山靈の崇拜は殆何れの民族にもあるが、之にいふ大山津見神は吾田國に於ける皇室關係の神である。併し何れにしても自然神であるから之れを史的祖先として、卽ち先住民の長として人種說のあるべき筋合ではあるまい。強いて人種觀を爲すならば、大山津見神を信仰したる人種を穿鑿すべきであらう。然るに從來史的に先住民として說明する者がある。重田定一は大山祇神社の題下（尙古雜誌）に左の說を述べてゐる。

大山祇神は南來種族ならんとの說……今の日本國民を形成せる種族如何といふことは容易ならざる問題にして、解決を急ぐべからざるものならん。然れども先には淡路に、次には出雲に、次には河内に、さて次には日向に、高天原より遷り來りたる優等種族の外に、南方マライ半島の邊より來れる種族あらんとは、人種學者の夙に唱道せる所なり、我邦の舊記に隼人と云へるは、この南來種族を云へるなり。その割據せし地方は、前にも云へる優等種族に特有なる遺蹟なく遺物なく、風俗も言語も殊異にして、久しく施政の方針を別にしたる等によりて立證し得とは、考古學者の主張する所なり。こゝに於て大山祇神は、南來のマライ種族ならんとの說起りたりき。日本人種新論に「古事記に、天孫降臨の時大山祇命は薩摩に在りて、其子石長比賣と木花開耶姫を瓊々杵尊に納れしことあり……抑この大山祇神は後に三島明神と稱せられたるものにして、始攝津の三島に祀られ、仁徳天皇の時、伊豫の越智郡大三島に遷し祀られ、崇峻天皇の時、伊豫より伊豆の三島に祀られたり。駿河甲斐の一宮なる淺間神社、相模の阿夫利神社はその後これより祀りたりしものなるべし。蓋これ等の地方には早くよりこの神の氏人の繁殖せしより、かく遷し祀りしものなるべし。余の考ふる所によればこの神は太古に於て、南方よりこの國に渡來したまへる神にして、其族は早くより日本の南海岸、主として潮流に洗はるゝ方面に繁殖せしものゝ如し——然れども大山祇神が南來のマライ種族なることは俄に定めがたし。……但この神の統領せる中には、隼人即マライ種族の多かりしことは否定すべからず。唯その神裔の後世に顯はれずして姓氏録にも見えざるを以て、その神別たるや蕃別たるやを判じ難きは遺憾なり。

この説の如きは、新神話時代の神を史實として述べんとするものであるから、余が説かんとする人種論よりすれば餘りに隔りがある。故に之れが説明の勞を有しない。其の攝津の三島神はチアム系の神であつて、斷じて伊豫伊豆の三島神と同神ではない。これ等に就ては其の章に述ぶ。猶大山津見神は自然神で勿論マライ種族ではないが、併し山靈を大山咋神として祭りたる人種はマライ系統であつた。

三　大山津見神の神裔説

大山津見神の神裔につき重田氏は「此神の神裔の後世に顯はれずして、姓氏録にも見えざるを以て、その神別たるや蕃別たるやを判じ難きは遺憾なり」とあるが、本來氏の説の根據とする所は、神話の神と祖先とを混視したる論であるから出發點に於て間違つて居る。併し記紀や姓氏録に、天之御中主神を始め神話の神に子孫が見ゆるのであるから、大山祇神にも子孫がある

山神たる大山祇神には神裔無くして海神轉訛の大山祇神には神裔あり

日神は海神の子といふ思想

べき筈であらう。

畢竟神話の神は新舊に大別することが出來る。記紀等の神名の多くは新神話神であつて、余の述ぶる所は記紀以前の舊神話神である。神が分化して統一せられたるものが記紀には載せられてある。神裔の有無は必ずしも新舊の何れにも一定しては居ないが、夫にしても皇室の外祖父たる大山祇神に神裔の見えざるはいかにも笑しいことである。

之に注意すべきは、山神としての大山祇神には神裔無くして、海神ヤー轉訛の大山祇神には神裔があることである。バビロニアに於ては、日神ウツは海神ヤーの子である。それは我が國にも此の思想はある。即ち古事記に「阿曇連等者、其綿津見神之子宇都志日金拆命之子孫也」と見え、宇都は日神ウツで、それを宇都志といふはウツ、（現）に誤解したる爲で、宇都宮神を祭祀したる現々君は宇都君であり、尾張の內津神社は宇都神社である。伊豫越智郡大三島の大山積和多志大神と並び祭られたる大長宇津神社の宇津と同語、即ち海神の子が日神といふ思想である。

吾田國に長屋津と長狹嶽（波瀲嶽）があつて國主を長狹といひ、紀伊國造の祖先を大名草命、宇治彦といひ、安曇連の祖を名草といふは、共に日神を以て氏名としたるものである。これは海神の子は日神であるから海神を祀るものは日神名を唱へる例である。殊に伊豫小市國

皇孫の妃は國主長狹の娘

造は大和國造の祖長尾市のヲチと同語、ウチの轉で日神氏であつて、大長宇津神と海神たる大山積和多志大神とを並祭し、其の大山積和多志大神即ち大山積三島大明神を古來祖神として越智河野氏族は祭祀し、而して小千命（日神名）を祖先と稱へた。又安藝國造は火神アグを以て稱へ、大山積神を祖神とし、飽速玉命（火神）を祖先とした。又大水神たる大山罪御祖命が日神の御親であるとは、伊勢大神宮に其の例がある。即ち外宮を先づ祭祀御參拜ある理由は、其の前身たる山田神（海神ヤー即ち水神）は日神の父神に在すが故である。これ等の事實は各章共通するものがある。

四　吾田國主と皇室第一の外祖父

大山津見神は吾田君長であるとは久米博士の說であるが、日本書紀に、吾田國主は事勝國勝長狹と明記し、大山津見神は其の邊に居られたる趣である。然るに古事記には、事勝長狹を脫して單に大山津見神の女阿多都比賣亦名木花之佐久夜毗賣とある。阿多都姬は吾田國の姬として、大山津見神は吾田國長なるべく推想したる說であるが、併し此の神は前述の如く新神話の神であるから人種論には何等關係を有しない。吾田國主は必ず長狹である。吾田津姬の父神たる大山津見神は本來ヤーの轉訛であるから海神である、故に史的事實たる皇孫の妃吾田津姬は、國主長狹の子女と斷すべきであらう。

吾田津姫の名といひ、此の姫は笠狹に本居せられたとあるに因るも、降臨して國主の娘を妃とせらるゝは事實あり得べき事柄で、神武天皇の都を大和に經營せらるゝに方りて、土豪三輪の大神氏から皇后を立てられたる事情とも一致する譯である。併し天地海三神結合の思想から先づ大山津見神の娘を、次に海神豐玉彥の娘を娶られたるは、單に神話に過ぎぬと見るならばそれまでゝあるが、併しながら史的事實としての皇室第一の外祖父は、國主長狹と觀るべき理由がある。猶次に述ぶ。

序ながら木花開耶姫は、古事記並書紀一書等に大山津見神の子とある。然るに書紀本書に「天神娶㆓大山祇神㆒所㆑生兒也」に作る。若し紀の原文に衍なしとするならば、書紀編者が尊天卑地の思想に囚はれて、天孫が直接國神の女を娶るを潔とせず、殊更に或る天神が國神を娶りて生れたるものとせる作爲であらう。此の神話は天地海三神結合の思想からするも、木花の名からするも、必ず山神たる大山祇神の子女なるべきは、更に疑ふべき餘地がないからである。

第五節　長狹族は日神氏

吾田國主事勝國勝長狹はナグウツで日神鎭護地の稱名であるが、人名としては單に日神の信徒の義で無く海神の子孫を意味する日神稱名である。日本書紀に「皇孫吾田の長屋の笠狹の碕に到ります、其の地に一人あり自ら事勝國勝長狹と號る。皇孫問て曰く、國在や否や、對て曰く此に國あり請ふ任意に遊びませ。故れ皇孫就て留住ります」と見え、第二の一書には國主事勝國勝長狹に作る。第六の一書には「彼有レ人焉、名曰二事勝國勝長狹一」と記し、人とあるを第四の一書には神と載す。神といふは神聖にいつたまでゞ人といふのと大差はない。

日神鎭護地たる長狹を以て名とするは、原始時代に於ける一般天孫人種系諸氏の慣習に共通するものである。それは海神の子は日神であるから海神の子孫は日神の氏名を稱ふる例で、伊勢の宇治土公族、紀伊の宇治族、伊豫の小市族、大和の長尾市族、豊前の宇佐族、筑前の安曇連名草族等は日神氏名を稱へ各海神日神を並祭した。この吾田の長狹族も長屋神、長狹神を並祀し日神を以て稱名とせるが故に、これ等の氏族を稱して長狹（名草）族、宇治族、又は日神族といふべきであらう。

皇室と同人種たる長狹族が、皇孫を迎へて奉侍したることは、古典によりても察知せらるゝ

所であるが、塵添埃嚢抄に、

日向國風土記云、皇祖裒能忍耆命、日向國贈於郡高茅穂槵生峯に天降り坐て、是薩摩國閼駝郡竹屋にうつり給ひて、土人竹屋守女をめして、其腹に二人の男子をまうけ給ひける時に、かの所の竹を刀に作り、臍の緒を切玉へりけり。

とある土人竹屋守女とは、必ず國主長狹の女なるに疑ひなく、皇孫は之に奠都し給ひ、長狹族は外戚として萬世一系の皇基に極めて偉大なる功績があるに相違あるまい。それを後世天地海三神結合の神話とし、大山祇神の女として作爲し、記紀等に記載せることが肯定せられる。

第六節　天孫は一夫一婦主義、國神は一夫多妻主義

大山祇神は木花開耶姫、石長姫の姉妹を天孫に奉られたるに、姉石長姫は醜として之れを返されたと神話にある。二女を奉るは卽ち多妻主義の思想で、醜として返さるとあるが、實は天神は一夫一婦主義に因るものであらう。

バビロニアに於ては一夫一婦主義であつた。紀元前二千百二十余年前のハムラビ大法典に、婚

一夫一婦主義の本源はスメル人の思想

基督教の一夫一婦主義はバビロニア思想

姻に當り女子の父母は金品を贈與し、又支度金等を持參物として婚姻契約を締結する。契約證書なき婚姻は法律上の效果を有しない。契約書には夫の負擔する條件の一例としては、第二妻を娶るべからずとある。妻の負擔する條件の一例としては、姑を介抱すべしといふが如き類である。併し子を産まざる場合は、夫に婢女を薦むるを要し、之れを薦めざるときは、夫は適法に妾を蓄ふることを得べく、また妻不治の病に罹るときは、夫は之れを其の家に養ふの義務あると同時に第二妻を娶るの權利があつた。

本來一夫一婦主義はスメル人種の思想であつて、それをセミット族系のハムラビ王も繼承したのである。セミット族は勿論多妻主義であつた。世界に於ける一夫一婦主義の本源は何と申してもスメル人種である。猶太も多妻主義、エホバも多妻主義の神で、基督教の一夫一婦主義は勿論バビロニア思想化である。印度も一夫多妻主義で、釋迦に正妻耶輸陀羅女の外に二人の妾がゐた。支那の聖人と仰がれたる舜は、堯の俄皇女英といふ姉妹を娶つた。

天孫降臨當時のチアム種族、倭人、後出雲派等の風俗は固より一夫多妻主義であつた。紀一書に「大國主神其子凡有一百八十一神」と載せ、古事記に嫡妻須世理毗賣の他に八上姫、沼河姫等に關する神話の歌が滿載されてゐる。國神主義は野蠻で、天神主義は高潔なる理想信仰の文明主義である。

第二章　伊勢國宇治土公と宇治神、山田神及大神宮

第一節　度會、五十鈴の語原

度會は皇太神宮儀式帳に度會國と記し、垂仁紀に渡遇宮、神功紀に百傳度逢縣と載せ、和名抄に度會郡和多良比と訓す。名義に就て伊勢國風土記に「度會郡と號くる故は……大國玉神使を遣して天日別命を迎へ奉る。因りて其橋を造らしむるに造り畢らずして致る。梓弓を以て橋と爲して度らしむ。爰に大國玉神、彌豆佐々良比賣命を資して參來り迎ふ。土橋郷岡本村に相度會き、因りて名と爲す」とある說話は、例の地名附會である。

度會は海江で、ラは音便、宮川で地理を變じたるも大港の古名實は山田港の一名である。然るにモン・クメール語系の到る渡るといふ語と類似闇合によりて渡る義に解し、ワタリの延音ワタラヒに變化したるものである。景行紀に、日本武尊の相模より上總に渡り給ふ條に「海神心也」とあるを、古事記に「渡神」に作るは、全く兩語の混淆からの宛字である。神名帳考

ワタをワタラヒといふは倭人語系思想からの變化

五十鈴はイツズで畏れ尊むべき義

五瀬命はイツズの變化

證に、因幡國八上郡和多理神社、海靈和多罪豐玉姫、元名和多須神と記し、又隱岐國海神社を一名和多須神社といひ、備後國沼名前神社を和多須神とも渡神社とも俗にワタシサンといひ、伊豫大三島大山祇神社を古風土記に、一名和多志大神といふが如きは、本源からいへばアッダの轉ワダである。それを航海守護神であるから倭人語系國語を以て渡るの意に解した。故に何れからするも海神の義なることが察知せられる。然るに之れを渡り遇ふ義に轉換してワタラヒと呼ぶは、全く倭人語系統の思想から變化したるに過ぎぬ。要するに本來からは、スメル語に因りてアツダエ（海江）、轉じてワタエ（海江）、音便でワタラエ、訛りてワタラへ、ワタラヒとなりたるに論がない、故に元は海江の國と稱へたるに相違なく、この海神國の本源は外宮の地たる山田である。

五十鈴は原田氏も說れたる如く、セミチック・バビロニアン語のイツズ（ituzu）で、畏るべき尊むべきの義である。延喜式大殿祭祝詞に「夜女乃伊須々伎、伊豆都志伎事無久」とある伊須須、伊豆都も共にイツズの變化で、夜畏るべき夢に犯されて恐怖することなくと解すべきである。古事記に神武の后を伊須須氣余理比賣命とあるを、書紀には五十鈴姫命とあるによりても知られる。此の姫の神話に三輪神が丹塗矢に化して云々、其の美人驚きて立ち走り伊須須岐伎とあるは人名からの附會に過ぎないが、併し驚く義なることが知られる。神武天皇の皇兄五瀬

- 衢神は海神の義
- 豊玉彦の玉は海又は海神の義
- 二見は太海興玉神は海神の義

命の名義もイツズの轉訛である。然るに倭姫命世記に、御裳の穢を洗ひ給ふによりて五十鈴川を御裳須會河と號くとあるは、五十鈴を濯ぐの語に誤解せる古事附からである。故に日神宇治宮を五十鈴宮とも、鎭座地の川を五十鈴川といふは、畏敬すべき宮、畏敬すべき川の義なることが察知せられる。神名祕書に「風土記曰、八少男八少女逢レ此泗樹接因以爲レ名也」とあるは意義を成さない。

第二節　猿田彦神

一　衢神、猿田彦神は神の王たる海神

天孫降臨に猿田彦大神が天の八衢に出で迎へられたとある衢は、既に原田氏の發見の如く、セミチック・バビロニアン語のチアマット（Tiamat）、チマト、チマタ、タマトと同語海又は海神の義である。海神豐玉彦、玉依姫等の玉はタマト、の下略であるから海神の義である。

衢神といふ猿田彦神を皇大神宮板垣内に興玉神と申して祀られ、二見浦にも興玉神社がある。二見は太海の義で、興は記に、奥津那藝佐毗古神とある奥に同じく海の沖で、興玉神は海神を意味する。

猿田彦神は神の王の義

エリヅの光明教

海神ヤーの神德

猿田彦神の猿はセミチック・バビロニアンのシヤルリ（šarri）、又サル（Sar）で王の義、同語系統たるヘブライ語のサルも大名の義、ダは助辭で、サルダは神の王といふ義である。バビロニアに於て大都市の主神は、悉く神の王といふ尊號を有し、中には本來の神號を失ひ單に神の王としてのみ傳はれるものが尠くない。我が國に傳りたる最古の海神は本來ヤーの名を有したるが、八幡神、山田神、山津見神、大和神等に轉訛し、吾田（海又海神）の語は和田に變化して和多津見神となり、チマタ（海又海神）は衢に誤解せられ、タマト（海又海神）は豐玉姫、玉依姫として海神の名に殘り、伊勢に於ては神の王卽ち猿田彦として傳へられたる譯である。海神を猿田彦卽ち神の王と稱ふる理由は、日本の最古時代に於けるバビロニア派信仰の中心は多くは海神ヤーであつて、日神ウツは海神の子として之れに亞で渇仰せられたる次第であるから、海神は實に神の王であつた。

バビロニアの海港エリヅの光明教に據ると、海神ヤーは文化の神、醫藥の神、生命の神（起死回生の神）、惡魔祓の神、運命の神で光明の方面は總て其の神性に屬した。海神ヤーの信仰は最も古く、バビロニアの歷史時代に入りても旣に六千年以前に見えてゐる。エリヅの日神はドムーヅ Domudu（智慧の子又は深淵の子の義）と稱し、海神ヤーの子で其の代表者として、父神と均しく光明の方面を司り、又アサリヅ（Ašaridu）卽ち慈悲の神とも尊稱せられた。猿田彦神の海神なるに就て原田氏は下の如く說れた。

　猿田彦命は海の神である。それは阿邪訶に住まはれる時に漁をして海水に溺れてかくれたと云ふことがある。猿田彦のかくれた後に鈿女命が魚類を聚めて汝は天神の御子に仕奉らむやと言つて、つまり日の神に服從することを慫慂しましたが、皆仕へ奉らうと言つた。之を以て見ると魚類は元來猿田彦命の家來であつた如くに讀まれるのである。それから又猿田彦の一名を衢の神と申すチマタは、バビロニア語のチマタでありまして海のことである。又猿田彦は天孫が高天原から地上へ天降られる八衢に立つて居つたのである。バビロニアのコスモロジーによると、最上の天はアヌ（天神）の天で、其次の天はエンリル（地神）の天、最後の最も地上に近い天はヤーの天である。アヌの天から地上に達するには是非共ヤーの天を通らなければならぬので、高天原と地との間にある衢は卽ちヤーの天である。それから猿田彦神が伊勢の阿邪加でかくれたと云ふことは、大己貴神が國讓をした神話と同じ神話で、猿田彦命が海に對する權力を天日嗣御子に讓つたと云ふことを意味するのであらふ。それは別に根據がある譯ではないが、伊勢の阿邪加はバビロニアの日神の宮はエアザグといひ、アザカと云ふ所に於て猿田彦が身を隱したといふことは、畢竟國讓りの

沼名前神社も一に渡神社といひ猿田彦神を祀る

意味があるのであつて、海の上に於ける權力を天日嗣御子へ譲つたものと解釋することが出來る（國學院雜誌バビロニア神道）。

猿田彦神が海神なることは明であるが、併しこの神が阿邪加に於て隠れたるは、海上の權力を天日嗣御子に譲られたといふ說であるが、其の理由が不徹底である。この神話は余の考へでは、垂仁天皇の朝豪盛なる猿田彦族たる宇治土公が沒落せることを、かく說話したものと信ずる。

二　猿田彦神は海神として祀らる

猿田彦神の海神たるは縷說の如くであるが、實際海神として祀られたる證は、備後國沼隈郡國幣小社沼名前神社は、一に渡神社といひ、祭神は古來和多津見神で又船玉命とも猿田彦神ともある。當社がヤーの神で猿田彦神なることは其の章に於て述ぶる如く、沼名前はセミチック・バビロニアンのヌヌツクドマの略轉で、ヌヌは魚の義で海神を意味し、クドマは前の義で、ヌヌの地の御前を意味する。そのヌヌの島はヤーの太魚（伊豫二名）の小市（日神）國、野々の島（古名ヌヌの島即ち大三島）大山積和多志大神（ヤーの神）の地の御前である。鞆津は日神の一名ドムーヅの變化であつて、ヤーの本宮エリヅ港の日神名でヤーの子である。然ればこの地

枚聞神社も和多都美明神といひ猿田彦神を祀る

大野港神社祭神も猿田彦神

高神渡海神社祭神も猿田彦神

阿波神社祭神も猿田彦神

に一般天孫人種派の慣例の如く海神と日神とが並祭せられ、且つ海神を猿田彦といひて祭祀せることが察知せらるゝ譯である。

國花萬葉記に「薩摩國枚聞神社（國幣小社）又號㆓和多都美明神㆒、祭神猿田彦命也、當國一宮」と記し、又和漢三才圖會も同說である。大日本一宮記に「和多都美神社號㆓枚聞神社㆒、鹽土老翁、猿田彦神」と見え、これ亦海神を猿田彦といつた傳である。

明治神社誌料に「加賀國石川郡大野村縣社大野湊神社、祭神猿田彦大神、當社は延喜式所載の舊祠にして……猿田彦大神は神龜四年六月十五日陸奥人佐那と云ふ者、航海の際大神の出現に感じ、當國海中より守り上げ奉り、佐那氏御杖代となり、竿の林の社地に勸請す」と見ゆ。その說話の事實如何は兎も角海神の號であるから海神を猿田彦として信仰せられた。其の他下總國海上郡高神村大字高神鄕社渡海神社も祭神猿田彦神とある。

地理纂考に、大隅正八幡鹿兒島神社の末社四所宮の一、雨之宮は猿田彦神と記し、現在社記に豊玉彦命とある。雨之宮は水神で本來海神は水神兼德である。若しアマ（海）の宮ならば猶更のことである。

延喜式の伊賀國山田郡阿波神社は、今阿山郡阿波村大字下阿波鄕社阿波神社で、古來猿田彦神が祭られてある。阿波といひ山田といひ共に海神地名で、猿田彦神の海神たるが一致する譯である。これに因りて此の神の海神として祀られたることが證せられやう。

三　天孫降臨に先驅の神話は後世の作爲

猿田は神の王といふ義であるが、これを琉球語に據ると、先驅をサダルといふ。伊波普猷氏の說に、

> 琉球古語及び方言で先へ行くことをサダルといふ。サダレー又はサダルワ（先きになれ）、サダライー（御先きに失禮）、サダユミ（先きになるのか）、サダラニ（先きに行かないか）、サダケテ（先に立てゝ、嚮導として）といふ。ことばの泉に「さだのおほかみ（猿田大神）、さだひこのかみ（猿田彦神）は天孫降臨の時御先導をなしたる神」と見え、猿田彦神に前驅の神又は先導の神の義がある。本居翁は「猿田毘古神の名義は、書紀に口尻明耀云々、上光二高天原一云々」とあるところから思付いて、この神の原義を尻明光彥とされたのは面白いが科學的の解釋法ではない。併し猿田といふ字をあてはめたところから見ると、當時「さるだひこのかみ」ともいつたであらふ。この「さるだ」は措置法卽ち隣音交換で「あらた」が「あたら」となり、「あらぶる」が「あばる」となつたやうに、「さだる」が「さる

だ」になつたのではあるまいか、さうすると「さるだひこのかみ」は「前驅する神」といふことになつて、意義の上に何の不都合もない。思ふに古事記が書かれた頃には、日本人は最早「さだる」に先立ち行くといふ意味のあることを忘れて了ひ、なほ當時措置法で「さだるひこ」の「さだる」が「さるだ」となつて、それが勢力を得てゐたので、いつしか猿田といふ文字を當塡めるやうになつたのであらう。そして猿田といふ漢字を當塡めるに至つて、日本人はそれに新意義を與へるやうになり、とう〳〵新しい傳説までつくり出したのであらう（國學院雜誌猿田彦神の語原）。

といひ、猿田を以てサダルが原語で先驅の義とする説であるが採るに足らぬ。之れはサダルでなくして猿田である。バビロニア新語のサル、シヤルリは王の義、サルダは神の王の意で先驅の意は更に有たない。日本書紀、古事記の神話作製の當時は、既にサルダに神の王の義を忘れて先驅の義に誤解されたるものである。言葉の泉に、猿田彦をサダヒコと訓みたるも、猿田彦をサダヒコと訓む理由は更にない。猿田彦は字の如く訓むべきである。日本書紀通釋に「此猿を佐と訓て、出雲國秋鹿郡佐太大神と同神なりと云る説など甚非なり、とるべからず」とあるは可。要するに此の神に關する神話は神の王といふ猿田の言義を忘れて、土語古國語のサダルといふ先驅の語意

猿田彦と猿女君は本來關係無し

に曲解し、又チマタ（海又海神）を衢に謬り、國神として天の八衢に出で迎へて先驅したといふ新神話を構成し、猿の語によりて種々附會せられたのである。

猶この神話の新作たることを決定すべき斷案として、猿女君は猿田彦の神名を冒したといふ神話であるが、これ亦迷誤である。それは神懸と神樂を掌る宇須賣命を祖とする猿女君の猿は、バビロニア新語のシャーイル Shail（神託を求むる神職）のシャーがサに約り、イは省略してサルに變化したる譯であるから、宇須賣と猿田彦に關する說話の如きは、全く後世類似語に因りて作爲せられたる迷妄に過ぎないからである。

第三節　宇治土公の人種觀

宇治土公氏は、倭姫命世記に「垂仁天皇二十五年……家田田上宮遷幸支……于時猿田彦神裔宇治土公祖大田命參相支、汝國名何問給爾、佐古久志呂宇遲之國止白」と見え、宇治土公は猿田彦神を祖神とし宇治に本居した。宇治は日神ウツの轉訛で日神氏である。日神ウツは海神ヤーの子であるから宇治土公氏が衢神たる猿田彦を祖神といふは、原始神話を傳へたる一般の例に合致する譯である。

通俗三才諸神本紀に「猿田彦の苗裔大田命、倭姫命を迎へ奉る。其後胤今に伊勢宇治に在りて玉串內人に補す。相傳へていふ、其家代々鼻目常人に異りて稍醜しと、亦一奇なり」と記す。宇治土公族のバビロニア派なることは既說に因りて明であるが、代々鼻目常人に異るといふ容貌骨格に就て科學的方面からこれを觀ると、スメル人種は第十一、第十二圖の如く鷲鼻で鼻梁高く眉頭に起り、大なる彎曲線を描いて鼻端に及び、丸顏波狀毛、褐色の皮膚で短軀、その目は上弦眼、下瞼水平で蒙古人種の二倍大ある巨眼である。バビロニア北部のセミット人種は、充鼻で鼻梁前額に接して高く起り、七十度內外の高角度で直線に延長し、鼻身は長く、肉附き厚く、鼻端は豐滿で圓形に稍々垂下の勢がある。顏面輪郭は楕圓形で、皮膚は白晳波狀毛、體長は高き方、目は凸眼大目玉で、眼球の前面眼瞼外に凸出した（バビロン學會々報參看）。

日本百科大辭典セム人の條に、

　セム人 Semites ヘブライ人、アラビア人及これと同種族の總稱、ハム人と共に廣義のいはゆる白人種に屬す。其名稱は創世紀の傳說に出で、地中海沿岸のヨーロッパ人とハム人、セム人とはノアの三子ヤベテ、ハム、及セムの後裔なりと信ぜられしに起り、現今存するところの氏族にては、ヘブライ人、アラビア人は其重なるものなれど、古代に於ては、上古史上に活動せる大民族バビロニア人、アッシリア人、フェニキア人、アラム人其ほかアジア西部に興亡せし諸民族これに屬す。然れども系統上此語を以て一括せられし諸民族の間には必ずしも系統上の關係なきこと知られし以來、此語は特に黑髮、隆鼻にして波狀の髯、長頭蓋を有し、皮膚稍ゝ暗色なる種族を總括する名稱となれり。今日其の最も純粹なる好典型は、アラビアの諸都市及其砂漠內の諸地方、アッシリアの古都城の附近、若くはヨーロッパ諸地方に點在せるユダヤ人町に於てこれを見る。これらの種族は言語上の顯著なる特色と共に、體格容貌の一見既に著しくヨーロッパの白人と異なるものあり、毛髮豐富にして其色漆黑に、且甚だ濃くして長く、稍ゝ縮れて光澤あり、毿々として垂れて肩を掩へり。而して其鼻は純粹なるものに在ては甚だ隆起して其先尖り、且稍ゝ下に垂れ曲りて鷲の嘴の狀をなす、これいはゆるユダヤ鼻として著名なる特色なり。脣は厚くして瓜實顏をなし、皮膚は白色なれど稍ゝ淺黑く、瞳子は髮と共に漆の如く黑色に、脣と頰とに丹花の紅を止むるを以て若き婦人の中には往々最も美しきものありと云ふ。

とある。蒙古人種に屬する朝鮮支那種族の如きは、鼻梁直線なるも短小で、南洋種族中には短凹形のものが少くない。

古事記神武の巻に「大久米命、天皇の命を以て伊須須氣余理比賣命に詔り給ふ時に、その大

大神小神はチアム系の神

大物主神の名義

久米命の黥利目を見て奇と思ひ歌ひて曰く、あめつゝ、ちどりましとゝ、などさけるとめ、卽ち大久米命答へて曰く、をとめに、たゞにあはむと、わがさけるとめ」とあるサケルトメは凸眼大目玉の義である。併し黥利目の字を當てゝあるが、バビロニア人は歴史時代の初期から文明人で黥などの蠻風は絶對に存在しない。黥はアイヌ族等の習慣であつて、當時古事記編纂者の迷誤である。

伊須須氣餘理姫命は、三輪の大神氏出の后であるからチアム系である。坪井九馬三博士によれば、ツングース系出雲派は伯耆に上陸して神山（大山）の大神なる大物主（大精靈者の義）を主神として奉戴した（史學雜誌太古の中國）とある。大物主の物はツングース語の靈の義であるが、大神たる大物主神はチアム系統の神である。それは素盞嗚神關係の大神小神はチアム系の神で、クメール語の ŏ Kăn 神の義で高龗のオカミと同語、神の原語はチアム語の kăn で又カム、カミといひ今も俗にカンといつてゐる。其の神をツングース語で物（靈）といひ、卽ち大神主といふべきを大物主と申したる譯である。土俗に今も大神神社といひ、三輪神社といつては通用しない。大神の字をオホミワと訓むは迷誤である。姓氏錄に、大神朝臣、素佐能雄命六世孫大國主命之後と記しチアム系統である。然れば伊須須氣余理姫命はバビロニア派を見られて、その巨眼なるに驚かれてサケルトメ（大目玉）と申されたであらう。書紀に「猿田彦神、鼻長七咫、背長七尺餘、……眼如二八咫鏡一而絶然」とあるは、人種的特長を形容して餘りがある。

第四節　皇大神宮

一　內神、宇治神及幽契神話

皇大神宮を古來ウチノミヤ（內宮）と申すは、皇室第一の王都たる吾田國長屋笠狹即ち加世田村大字內山田、第二の王都高千穗宮の遺跡たる大隅國鹿兒島神宮の內山田村大字內に脈絡共通し、火明族尾張連の祀る內天神と同語、スメル語の日神ウツ（Ut）の轉ウチである。然るに後世これを倭人語系の國語で內外の義に誤解さるゝに至つた。

而して宇治土公は倭姫命世記に「時に猿田彦神の裔宇治土公の祖大田命參り相ひき。汝の國名は何ぞと問ひ給ふに、佐古久志呂**宇遲之國**と申す」と見え、宇治國とある。宇治は日神ウツの轉訛で、宇治土公によりて日神が祀られたることが察知せられる。皇大神宮儀式帳に「倭姫內親王を御杖代として齋き奉りき、……次に百船を度會國佐古久志呂宇治の家田の田上の宮に坐き、時に宇治の大內人仕へ奉る宇治土公等の遠祖大田命に、汝の國名は何ぞと問ひ賜ひき、是の川上に好き大宮地ありと申す。即ち見そなはして好き大宮地と定賜ひき」と載せ、度會國

五十鈴の川上がその本居地で、其處を皇室の大神宮鎮座地と定められたる模様である。神宮大綱に、

皇大神宮所管社、興玉神社祭神興玉神、斯ノ神ハ本宮板垣内の西北隅ニ鎮坐アリテ、往古ヨリ神殿ヲ造立セズ石畳を構へテ祭祀セリ、……皇太神宮引付永正七年二月禰宜ノ注進狀ニ、爰検宇治土公之遠祖者、五十鈴河上地主興玉神猿田彦神是也一名衢神件神無寶殿、以賢木爲神殿氏人等玉串役此緣也トアルニテ、祭神ノ本義ニ至リテハ、炳然トシテ爭フベキ餘地ナキヲヤ。抑モ猿田彦神ノ神宮ニ關係ノ事歴ハ、……古語拾遺に「泊于巻向玉城朝奉齋天照大神、仍隨神敎、立其祠於伊勢國五十鈴川上、始在天上豫結幽契、衢神先降深有以矣」トアリテ皇大神ノ五十鈴川上ニ御鎮坐アラセラレシハ、其ノ幽契遠ク神代ニアリテ、猿田彦神豫て神勅ヲ奉ジテ、斯ノ地ニ降リ坐シ、モノナルヲヤ、……然テ此神ハ、神代ヨリ宇治郷一郷ノ地主ト爲テ、ココニ住シ數世ヲ經テ、大田命ニ至レルナリ。……其子孫宇治土公ヲ姓氏トスルハ卽チ宇治郷ノ地ノ君長ト云フ義ナリ。

との說によるも、五十鈴川上は宇治土公の本居であつた。併し本來内宮の地は日神鎮祭地で、海

神猿田彦の鎮座地ではないが、神の王たる此の神は度會國の地主の神として山田に祀られ、大神宮鎮座以前は信仰上雄大なる勢力を有し、且つ宇治土公の祖神であるから、大神宮鎮座後に於ても鎮守神として板垣内に祀られたる譯である。

天照大神猿田彦神の幽契神話發生の原因

　併しその幽契説は、宇治土公氏の日神鎮祭地を、垂仁天皇の朝に皇大神宮の大宮地と定めらるゝに至りたる偶然の事實は、又一面神託神意に據る次第なるが故に日神と猿田彦神の幽契神話を生ずるに至つた。スメル人の理想信仰として固より神意政治であるから、其の鎮座地決定の如きも神意たるは勿論である。幽契説の不確實なることは、垂仁紀に倭姫命大神の鎮座地を求めて諸國を巡廻せられ、遂に伊勢に到り宇治土公の敎によりて鎮座せられたとあるが、併し幽契ありといひながら諸國に鎮座地を求められたるは甚しい矛盾であらねばならぬ。垂仁紀に「天照大神始自レ天降之處也」と記されてあるは、宇治土公が此の地に日神を祭祀したる古地へ、更に皇室の大神を祀られたることを奇遇として、潜在的に申したる神話としか思はれぬ。

猿田彦神の溺歿神話の裏面

　又猿田彦神が阿邪訶に於て溺死せられたといふ神話は、神の王たる海神が國避をして、日神が萬神の統一神と仰がれ給ふに至つたといふ單に海神の信仰衰へて、日神の信仰强大となつたといふ意義の外に、皇太神宮の大宮地と定めらるゝに至りて、さしも神の王たる衢神の威名も、神裔といふ宇治土公と共に沒落せざるを得ないであらう。この故に海神は阿邪訶に於て海に沒し。(阿邪訶は壹志郡にあつて、バビロニアの日神の宮エアザグ卽ち輝きの宮の義の變化で、この地は宇治土公の隱遁か又は其の一族が日神と海神を祀りたる形跡がある。壹志の名義は大和神社鎭座地たる大倭邑の市磯及び五十鈴と同語、イツズの轉訛である)。宇須賣命は海神の家來といふ魚族を集めて、汝は天神の御子に仕へ奉らむやといへば、皆仕へ奉らうといつて、日神に服從したといふ神話が構成せらるゝに至つた。其の魚族といふは、魚は海神の使なるが故に宇治土公並其の配下と見ればよい。要するに、記紀等にある天照大神と衢神に關する神話は、皇孫降誕時代の原始神話ではなく、垂仁の朝伊勢へ皇大神宮の鎭座以後に於て發生したる新神話としか想はれぬ。神話は勿論事實ではないが社會の反射であるから、此の間の消息は崇神垂仁帝時代の社會狀を熟考するならば自ら明であらう。

二　御鎭座の原因

皇大神宮御鎭座に關する幽契神話の不確實なることは前說の如くである。然らば御鎭座當時の社會狀態は如何といふに、崇神紀に「百姓流離し、或は背叛するものあり、其勢德を以て治め難し、罪を神祇に請ふ。故同殿に坐せし天照大神を豐鍬入姬命に託して倭の笠縫邑に祭り、又倭大國魂神を渟名城入姬命に託して祭らしめ、大物主神の祟あり且つ神の告により

倭姫命の巡廻は鎮座地を求めらるる目的にあらずして教化の爲め

皇大神宮の伊勢へ鎮座の原因

て神裔大田田根子をして祭らしめ、次で四道將軍を遣して王化に習はしめ、始て人民を挍査して調役を科す」と記され、實に纍卵の危き狀態であつた。この國家の危機に處して、敢て宗教政治の大革新を斷行せられたることが、紀文に明記せられてゐるのである。古代祭政一致の時代に於て政治と宗教は、必ず同時に改革せらるゝことは世界共通であつた。

かくて垂仁紀並に太神宮儀式帳、倭姫命世記、雜事記等によれば、倭姫命は大神鎮座の地を求められて、畿内を始め丹波、紀伊、伊賀、近江、美濃、尾張、三河、遠江等の諸國を巡廻し、伊勢に入り各地を巡りて最後に五十鈴の川上に鎮座せられたとある。併しこれ等の諸國を悉く巡廻せられたとは俄に信ぜられないが、この傳說の如く啻に鎮座地を求めらるゝが爲の目的としては、餘りに意義を成さない。若し鎮座地を求めらるゝ爲ならば、なぜ最初から幽契地といふ五十鈴川上に鎮座せられないのであらうか、そこに矛盾がある譯で、幽契說の事實でないことが推知せられやう。然れば必ず崇神紀にある革新運動による教化の爲めに、大神を奉じて諸國を巡教せられ、遂に伊勢國へ入られ處々を巡られて、最後に神の王として威を振ふ宇治土公を說服して此處に鎮座し賜ひ、長く皇國の鎮護と仰がれ賜ふことゝ拜察せらるゝのである。そうして見れば皇大神宮の伊勢へ御鎮座の原因は、實に教化の爲であらせられたることを深く記憶すべきであらう。

三　御祭神は日神たる皇祖であらせらる

皇室の日神はウチと申された次第であるが、このウツ、ウチ等の語を日神といふ意味で何頃まで用ひられたるかは不明である。併し下毛野國造の祖たる崇神の皇子豊城入彦命の四世孫奈良別は、成務比宇都宮に本居して神政を行つた。其の所祭に係る宇都宮神（今國幣中社二荒山神社）はウツ卽ち日神であるから當時日神をウツと申したことが察知せられやう。其の子孫現々君はウツを誤解し、倭人語を以てウツツ（現）と呼ぶのであるが、實は宇都君といふべきで卽ち日神稱名である。景行帝の皇子大碓命、小碓命は舊說の臼の義でなく、宇須賣のウズと同語ウツの轉である。とに角當時は日神の義に活用せられたと思はれる。

日本書紀に「伊弉諾尊伊弉冊尊、不レ生二天下之主者一歟。於是共生二日神一號二大日孁貴一。」また一書に、天照大神とも天照大日孁尊ともある大日孁貴の大はチアム語、ヒルメは倭人語及び其の系統の韓語の日の女神、貴は母遲と同語、チアム語のMunčiで大名卽ち大神の義、故に此の神名は土語の古國語なることが知られる。

天照皇大御神の言義

又天照皇大御神と申し上ぐる御名に就て伺ひ奉るに、天はスメル語のアンマの略、アンは天、天神又は神の義、マは助辭、神功紀、紀伊國天野祝はバビロニア派で天神アンヌを祭祀した。

照といふ語は倭人語である。吉田東伍氏は地名辭書に、

> 對馬國、阿麻氐留神社、今小船越村照日權現是なり。延喜式小祀の神なり、蓋對馬縣主の祖天日神命を祭る。天神本紀に、天日神命對馬縣主の祖と見え、顯宗紀に、日神の託宣ありて對馬下縣直その祠事に侍ると曰へり、此日神卽阿麻氐留神に同じ。伊勢大神又は饒速日命と混亂すべからず。

と述べたる如く、同じ日神でも伊勢大神宮のウチの神とは異つて居る。出雲國日御崎にも天照大神が祀られてある、無論ウツの神では無い。皇はバビロン語、御はモン・クメール系の語でチアム語の敬語、神はチアム語のKanで、尊はバビロン語であるから此の御名も混成國語と知られる。要するに皇室のウチの神を同じ日神たるの故を以て土語の大日孁貴の名を以て申し上げ、又後世天照皇大御神の新名を以て稱へられたることが察知せられる。

天照皇大御神の御神性

天照皇大御神は皇祖であらせらるゝによりて、皇大御神と申し奉るのであるが其の御神性を伺ひ奉るに、本來神社は天孫人種の原始的理想信仰として海神を祖神、日神、火神を祖先といひ、民族大生命の崇拜であるから日神卽皇祖であらせらる。皇室は其本系で諸氏は分系である。

度會地名の本源は山田の外宮の地

第五節　山田の度會宮に本來海神を祀る

一　山田神は衢神たる猿田彦神

外宮の所在を古く山田郷といひ、延喜式に「度會宮在二度會郡沼木郷山田原村一」と記す。度會地名の所在は、古事記傳に、

　風土記曰、云々參來迎、相二土橋郷岡本村一云々度會、因以爲レ名也とあり。土橋郷は和名抄に、度會郡繼橋郷ある是なり。岡本村は今も山田の坊名に呼處なり。これを以て見るに、本は外宮のあたりの地名なりしことしるべし。

とありて、山田の外宮の地が度會卽ち海江の本源なるが故に、山田の地は海神國の根本なることが知られる。山田の名義は既說の如く、山津、八幡、大和、山城と同語、海神ヤーの轉訛、海神鎭座に因る名稱である。故に度會國山田は恰も吾田國長屋と語原を一にする。

また沼木郷のヌは沼名前神社、沼津、大津渟中倉、奴國と同語、ヌヌの略で、セミチック・バ

ビロニアンの魚の義、魚は海神の召使で海神の稱である。キは赤城神社、のキと同語、古韓語の森の義、又は阿波岐、阿波羅岐のキで助辭。スメル語古韓語共に森をキイともいふ。沼木は海神の森で海神の社の意であらう。必す宇治土公は原始時代に於て日神ウツの神を宇治に、衢(海)神を山田に神の王卽ち猿田彦と申して祭祀したのである。

山田社に猿田彦神を祀らる

山田社に猿田彦神が祀られたる例證は、近江輿地志略、犬上郡の條に下の如く見えてゐる。

山田社、月木村の傍にあり。多賀の末社なり。……祭神猿田彦大神なり。

とある。同社は新抄格勅符抄 神符に「山田神、五戸近江國、天平神護二年充」と見えたる古社である。この山田神の猿田彦神といふ傳は、原始史を其のまゝ傳へたる正説で、海神鎭座地を山田といふ一般の例と一致する。また官幣大社稲荷神社は稲生の義で、宇賀神社豐受神社といふに等しい。祭神は倉稲魂命、猿田彦命、大宮女命の三神で、倉稲魂命は豐受大神宮の祭神登由宇氣大神――本來は奈具神なれどもチアム系國語に於て同神名であり、猿田彦命は外宮の前身たる度會の山田神と知られ、大宮女命は猿田彦命の神話に關係ある宇須賣命といふ傳説である。然れば稲荷神社は神社名、祭神等全く外宮類似の感じがせらるゝのである。

稲荷神社の社名祭神は外宮と類似

日神二社並祀の說

延喜式に、外宮を度會宮とあるは卽ち海江宮の義で、本來海神の祀られたるに因る名稱であり、山田の大土御祖神社を地主神といひ、一に猿田彦神といふは符合する次第である。皇太神宮攝社大土御祖神社祭神佐々良比古命は更科神社と同語、月神シンで、或は宇治土公より前に定住する同種族の祀る所か、又は宇治土公が日神と共に月神を祀りたるものであらう。

然るに大日本史神祇志に、

日前神社、國懸神社、祀二天照大神前靈一。按二古事記一、伊勢大神宮本有二內外二宮一、至二雄略帝一祀二豐受大神於外宮一、而古制一變、本社亦設二二宮一猶二伊勢古制一。但以二神號有一レ二、各名二其社一也。

といひ、伊勢內外宮も日前國懸も、共に各日神を二社並祭したといふのであるが、それは迷妄である。日前は日神なるも國懸は斷じて日神にあらずして火神なるは其の章に述ぶ。伊勢の宇治は日神なるも山田は本來海神である。古代我が國に於ける一般天孫人種系氏族の習慣として、其の本居地に多くは海神と日神、又は火神等を並祭する例によるも、斷じて日神を二社祀るの理由が無い。其の例證は本書の全卷に亘つてゐる事實である。皇室に於かせられても、崇神帝の朝まで日神海神火神等を大殿の内に並祭せられてあつた。それは皇室と神祇の段參看を要する。

二　山田神は山田比賣命の父大水神たる大山罪御祖命

海神は地神の德を兼備す

皇大神宮儀式帳に「攝社、宇治山田神社一處、大水神兒稱㆓山田姫命㆒、形無。同內親王（倭姫命）御世定祝」と載せ、山田姫の名は海神又は姫卽ち日女で日神である。其の父神山田彥命ともいふべき神は、大水神とも大山罪御祖神ともいひ、ヤーの神なることが明である。これを同書に「攝社、大水神社一處、稱㆓大山罪乃御祖命㆒、形無。同內親王祝定」とありて、亦一名を大水神、大水上命、大水上御祖命とも載せ、其の御子神に高水上命、新川比賣命、細川水神、寒川比古命、寒川比女命、朝熊水神等が見ゆ。然れはこの大山津見神は山神でなく全く水神として祀られたのである。決して山は水源であるからといふやうな簡單な理由ではない。それはバビロニアに於てヤーは河海一切の水神であると共に地神エンキの神德を兼備した。それが後には海神分化して地神エンリル（Enlil リルは精靈の義）の父となられた。我が國に於ける神話にも海神先づ成りて次に山神が成られた、その順序が一致する。最古の神は高尙であつて一神で多くの神德を兼ね、漸次後世となるに從ひ卑俗となり、分化神を發生するは世界各民族に於ける宗教思想の通則である。

海神は地神に地神は穀物の神徳を兼ぬ

又海（水）神分化の地神（山神）は、穀物の神徳を兼備した。即ち大水神たるヤーの神が大山津見神に變化して地神となり、又穀物の神となられた。それは倭姫命世記に「宇遲の田上より奈尾の根宮に坐す時、大山罪命、朝熊水神等五十鈴の川後の江にて御饗を奉る」とあるは、穀物の神に進化せられた譯で、國幣大社大山祇神社の如きは海神にして且つ山神と信ぜられた。その朝熊のアサはチアム語のAhāの變で食物の義である。

かく原始神話の上から見て海神は水神を兼ね、又海（水）神より地（山）神を生じ、地神より穀物の神徳を生じ遂には分化したる次第である。故に山は水源であるから大山津見神を大水神と申すなどいふ皮想の考へは、本末を顚倒したることが首肯せられやう。爰に於て海神又は日神の名稱を負ふ山田姫命の父神大水神たる大山罪御祖命は山神にあらずしてヤーの轉訛神たることが斷定せられる。吾田國長屋津の變化神たる大山津見神も本來海神であり、伊豫國大山積和多志大神も本來山神でなくして海神であり、安藝國造の裔が祖神といふ大山津見神も本來海神である。伊勢國に於て衢神たる猿田彦神を山田神といひ、大水神たる大山津見神を山田姫の父神といふは、ヤーの神たることが符合する譯で、これ等は共に原始神話神を傳へたる最も貴重なる記録と知られる。即ち左の結論となる。

山田神｛衢（海）神たる猿田彦神（神の王）／大水神たる大山罪御祖神｝ヤーの神

三　外宮を先づ祭祀御參拜ある原因

更にまた山田に海神の祀られたることの斷案を下すべき事實が、大神宮には潜在的に存在してゐる。それは延喜式の伊勢太神宮式に「凡元日には太神宮司、諸宮の禰宜、內人及神郡司等を率ゐて諸宮を遙拜す。先づ度會宮を拜す、次に太神宮、次に諸宮、訖て卽ち朝拜す」と載せ、これに就て神宮大綱に次の如く記されてゐる。

> 神宮ノ祭事ハ外宮ヲ先ニセラルル故實ナリ……祈年神嘗等ノ祭祀奉幣モ外宮ヲ先ニ內宮ハ後ニ行ハレシ事ハ式文ニ明カニテ、氏經神事記ニモ、外宮ニ先立テ神事ヲ行無レ例之旨返答、然者明日逗留外宮可二申行一トアリ。然レバ天皇皇后兩陛下、皇太后陛下、皇太子同妃兩殿下ノ御參拜モ、悉ク此ニ據ラセラレキ。然ルニ其ノ御鎭坐ノ日ヲ以テ雨宮祭祀ノ順序ヲ定メラレシモノナリト云フ說ノアルハ、誤ナリ。

外宮を先づ祭祀御參拜あるは日神の父神たる海神なるに因る

とある如く、神宮の諸祭典並御參拜は、總て先づ度會宮を次に大神宮といふ順序が古例である。併し其の原因に就ては古來大神宮に於ける神祕的大疑問として何人も說明を加ふることは不可能とされたが、これを原始史上から觀れは實に易々たるものである。それは山田には日神の御父神に在す海神ヤーの神の鎭座せらるゝ爲であるといふ極簡單明瞭なる理由に外ならぬ。雄略帝の朝、山田へ供御神を祭らるゝに至りて、遂に山田神は殆忘失せられたるが、猶古例に因りて外宮を先づ祭祀御參拜になる譯である。

日神は海神の子といふ例

バビロニアに於てウツはヤーの子と信ぜられた。我が國に於ても古事記に「此三柱の綿津見神は安曇連等の祖神と以伊都久神」とも「安曇連等は其綿津見神の子宇都志日金拆命の子孫」とも記されて、海神を祖神といひ、日神を祖先といふ思想で、日神は海神の子といふ傳說が彼我一致する。其の他伊豫の小市國造の祖を小千命といひ、越智宿禰といふは、珍彥族たる大和國造長尾市と同語、ウツの變で日神稱名であり、而して日神を大長宇津神社に祭り、海神を大三島大山積和多志大神と稱へて並祭し、その大山積和多志大神を越智河野氏族は祖神として系圖を起して之れを祭祀し、安藝國造は火神アグを以て稱名とし、その裔は大山津見神を祖神として系圖を起し、海神猿田彥の裔を宇治土公といひ、名草（日）神、竈山（海）神を祭る紀伊國造の祖を大名草命とも宇治彥ともいひ、宇佐（日）神と八幡（海）神を祀る氏族を宇佐津彦、宇佐國造といひ、皇室に於ても崇神帝の朝まで海神大和大神とウチの神を同殿に祀られ、火明族津守連も海神大海神社を祖神として祭祀した。これ皆同一の思想からであつて、畢竟海神の子が日神であるから海神を祖神とし、日神を祖先と稱へ、且つ海神の子孫たるものは多くは日神名を以て呼稱せる譯である。併し皇室に於ては天照大神を御先祖と傳へられたるも、海神を祖神といふことは夙に日本書紀編纂當時の變改より忘失せられたのであつた。

延暦儀式帳に、大山罪乃御祖命とも一名を大水上御祖命ともある御祖は、山の御祖、水の御祖の義とも解せられざるにあらざるも、併し又海神は日神の御親であるといふ原始神話のまゝが傳はるものと解することが出來る。其の何れにしても海神たるには相違ない。

山田には垂仁の朝、皇大神宮を宇治に祭らるゝまでは、宇治土公によりてヤーの神が猿田彦即ち神の王として祭られた。然るに當時に至り威を振ふ宇治土公は沒落するに至り、これを神話には猿田彦神が阿邪訶に於て海に沒せられたと物語つた。併し當時海神は日神の御親であるといふ思想は未だ忘失せられざるが故に、宇治土公と共に猿田彦神は沒落して其の名は殆跡を絶つに至りても、最初宇治土公に因りて日神を鎭祭せられたる舊地の宇治に皇大神宮を祭られたる如く、山田の古地にも亦從來のまゝ海神を祭られたるものと思はれる。固より皇室の海神は大和大神であるが、薩摩の內山田、大隅の內山田の稱によるも、宇治に內神を、山田に山田神を祀られたと察せられる。それが漸次精神界の變動によりて海神の信仰は薄弱となり、大神宮鎭座後、凡四百年を經て雄略帝の朝、供御の神を合祀し、遂に主神は忘却せらるゝに至りても、猶古例によりて外宮を先づ祭祀する譯であると斷ぜざるを得ない。

これを綜合するに、度會宮は海江宮卽ち海神宮なること、山田神並にこれ等の山津見神は八幡大和に同じく海神ヤーの變化なること、衢神といふ猿田彥神も同じく海神で、異名同神なることが炳然として各章符合する。然るに垂仁紀に、宇治宮を度遇宮と記るすは不用意の錯誤である。

第六節　豐受大神宮

一　本來奈具神を宇氣神に變稱せらる

豐受大神宮鎭座の起源に就ては、止由氣宮儀式帳に、

天照坐皇大神……大長谷天皇（雄略）御夢爾誨覺賜久……吾一所耳坐波甚苦。加以大御饌毛安不㆓聞食㆒坐。故爾丹波國比治乃眞奈井爾坐我御饌都神等由氣大神乎我許欲止誨覺奉支、爾時

天皇鷲悟賜氏、卽従二丹波國一令二行幸一氏度會乃山田原下石根爾宮柱太知立、高天原爾知疑高知氏、宮定齋仕奉始支……

とある。併し其の御饌都神の原所といふ丹波國比治の眞奈井に鎭祭されたる神は、果して豊受神であるかといふに斷じて此の神にあらずして所謂奈井神卽ち奈具神である。奈具神は延喜式に、丹後國（元丹波國を和銅六年分置）加佐郡奈具神社、竹野郡奈具神社が見え、又丹波郡名木神社とあるナギはナグの變化で、外宮の原所といふ同郡比沼麻奈爲神社の奈爲はナグ、ナギの變である。其の奈具の名義はスメル語のナグ

Nak

セミチック・バビロニアンのニグ（Nik）で、共に供物、神饌、犠牲の義で卽ち御食津神である。比治を倭姫命世記に「比沼之魚井原」。延喜式に「比沼麻奈爲神社」と記し治を沼に作るも、攝津風土記に「比遲之麻奈韋と載せ、古事記裏書に引く丹波風土記、塵添埃嚢抄共に右の儀式帳に同じく比治に作り、丹後風土記に丹波郡比治里比治山とある。今日も丹後國中郡五箇村鱒

留に比治山がありて、廣島市外の段原村比治山も、丹波の比治と同語であるから必ず關係があるであらう。故に比沼は治の誤なることが確である。丹波は既説の如くバビロニア古語の日神タムで、比治はバビロニア新語の悦びの義である。然るに比治を比沼に誤りて沼のことゝ爲し、奈具を奈井（奈爲）に訛りて眞奈井に作り、井水のことゝして種々附會せられた。かく丹後のナグの四社は本來バビロニア系の御食津神が祀られたるを、それが後世祭神名をチアム系國語の宇賀能賣神（卽ち宇氣神）に變稱せられたる譯である。

然れば外宮が最初山田へ祭られたる當時の名稱は無論奈具神であつた。それが何れの時代よりか、同一神性たるチアム系國語を以て豐受大神と變稱せらるゝに至りたることは、次に因るも爭ふべからざる事實である。

二　奈具神鏡は大和國三諸宮より遷さる

外宮は丹波より遷されたといふ傳説であるが、それは後世の錯誤である。其の故は外宮神鏡は、倭姫命世記に「豐受大神一座、御靈御形眞經津鏡坐、圓鏡也。神代三面內也」と見え、內宮日前と共に所謂神代三神鏡の一で、皇室と離るべからざる大關係がある。これに就て大倭本紀一書に次の如く載せられてゐる。

奈具神鏡も笠縫へ移さる

天皇之始（瓊々杵尊）天降來之時、共副㆓護齋鏡三面、子鈴一合㆒也。註曰、一鏡者、天照大神之御靈名㆓天懸大神㆒也。一鏡者、天照大神之前御靈名㆓國懸大神㆒、今紀伊國名草崇敬解祭大神也。一鏡及子鈴者、天皇御食津神、朝夕御食夜護日護齋奉大神、今卷向穴師宮所㆑坐解祭大神也。（解祭を明文抄には拜祭に作る）。

と記されて、其の御食津神が卽ち奈具神で外宮の神鏡である。それは前段に述ぶる處と一致するに因りて明かなるのみならず、崇神帝の朝、日神の二鏡と共に奈具神鏡をも模造して後世まで賢所三神鏡として祀られたるによりて知られる。之に就ては三種神器の段に述べた。この三神鏡は共に倭笠縫に遷された。それは天降の際より神代三鏡として奈具神鏡は常に大神宮に副ひて祭られしと、後に賢所へ模造して之れを祀られたると、將又雄略帝の朝、大神宮の神敎に吾一所のみに坐すは甚だ苦し大御饌も安く聞し食さず坐すとあるによりて、本來奈具神鏡は日神に副ひて坐せるが故に、實は下段に述ぶる如く日神の御子神なるが故に、從つて日神と共に笠縫へ遷されたることが察知せられる。加之下説の如く笠縫より三諸宮に遷されて、其の三諸宮を豐受大神宮の鎭祭地といふ事實によりて明かである。

笠縫の語原は笠の神奈備

笠縫の地理は神淺茅原の傍丘

笠縫邑は笠邑の誤記

前引大倭本紀に、御食津神たる一鏡及小鈴は巻向穴師宮に坐す大神とある、其の穴師説の可否を述ぶる前に先づ倭笠縫に就て考へよう。崇神紀六年の段に「天照大神託豐鍬入姫命、祭於倭笠縫邑、仍立磯城神籬」とある笠縫の地理は、俗説多々あるが何れも採るに足らぬ。併し磯城郡織田村大字茅原説は稍〻その地理を指示して居る。それは神樂歌に「笠の淺茅原」と見え、本來笠縫の言義はカサナビの轉訛で、武庫の菟名負、大和の畝火と同語、笠の神奈備の義である。茅原は崇神紀七年の段に「天皇幸于神淺茅原、而會八十萬神以卜問之」と記されて、當時皇室に於ける最も神聖なる齋場であつた。併し神奈備のナビは倭人語の岡の義で平地たる原では無い。加之崇神紀六年に笠縫邑に磯城神離を立とあるに、七年に神淺茅原に幸とあるが故に決して同所ではない。神淺茅原は齋庭で、笠縫は神奈備である。併し笠の淺茅原とあるによれば、神離を立てられたる所は其の齋庭より餘り隔らざる丘上なることが察知せられる。

かく笠が地名で縫卽ちナビは神祭の山の義で地名ではない。然るに笠縫を以て地名と爲すは日本書紀の錯誤である。かゝる例は他にもある、神武紀に「葛城を改めて高尾張といふ」とあるが如きも、實は葛城の高が地名で、尾張は氏族名なるを誤つて之れを地名と爲すと同例なるが故に、紀の笠縫邑は笠邑と記すべきであらう。其の地理は圖の如くである。

穴師は雨神の義

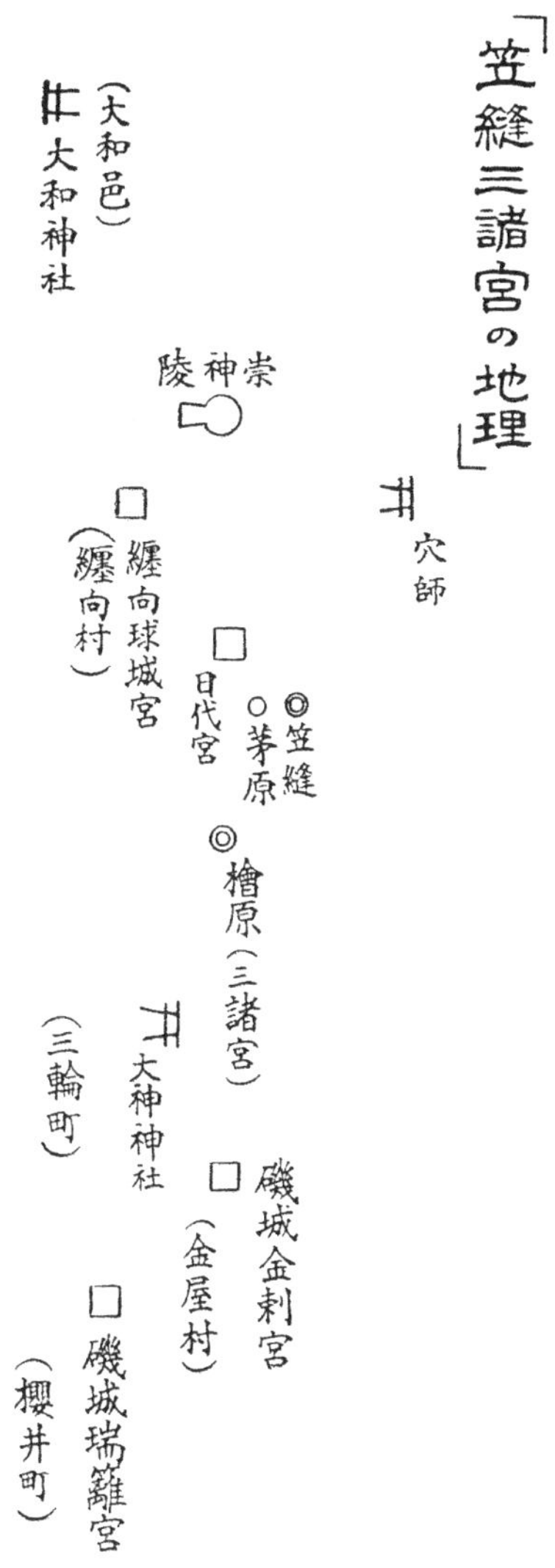

「笠縫三諸宮の地理」

穴師
大和神社
（大和邑）
崇神陵
纒向球城宮
（纒向村）
日代宮
茅原
笠縫
檜原（三諸宮）
大神神社
（三輪町）
磯城金刺宮
（金屋村）
磯城瑞籬宮
（櫻井町）

大和本紀に、穴師宮とある傳説を観るに、穴師のアは雨で、延喜式相模國大山阿夫利神社は雨降の義で、雨を單にアと唱へたと同例である。ナは助辭ノの義、シは神武紀の兄猾、高倉下、兄倉下及び筑紫のシと同語、チアム語の敬語、故に穴師は雨神の義である。穴師の地理は之れを踏査するに、山の陰であつて雨神を祀るに適當してゐる。穴師は延喜式に、穴師坐兵主神社名神大とある。明治神社志料に「纒向村大字穴師郷社穴師坐兵主神社祭神未詳」と記す。實査するに本殿は三社ある。其の一社は勿論兵主神社で、一社は大和本紀の小鈴（朝鮮系統）たる御食

穴師神社三社の祭神

鈴はバビロニアに於て發見せられず

笠縫より三輪の三諸宮に移さる

津神（チアム系）である。併し鏡（スメル系）は下說の如く、三輪の三諸宮に祀られたる外宮の神鏡であるから大和本紀には迷誤がある。古史徵に、小鈴は若御魂神で、鏡は豐受神とある。成程鏡は外宮の神靈であるが、小鈴は穴師の御食津神で之れを若御魂神といふは誤である。それは延喜式に、巻向坐若御魂神社と載せ、巻向鎭座であつて穴師ではない。現在穴師の境內神社に巻向坐若御魂神社あるは後世の合祀で、決して本殿三社には關係しない。故に本殿三社の一は大倭本紀の御食津神小鈴で、一社は穴師兵主神社、一社は雨神なることが察知せられる。式の穴師大兵主神社は同境內神社に祀られてゐる。然るに神祇寶典に「穴師坐兵主神社者子鈴也。巻向坐若御魂神者鏡也。天照大神之御魂也」とある如きは迷妄である。

鈴はバビロニアに於ては發見せられないから朝鮮系統である。然れば穴師の御食津神は外宮神鏡と全く無關係なるを、同じ穀物神なるに因りて混淆せしに過ぎぬ。猶大兵主神社は素戔嗚神で兵主神は八千矛神說がある。共に同系統の軍神たる點に於て首肯せられる。

かくて垂仁帝の朝笠縫邑より日神等を三輪の御諸宮に移祭せられたる事實は皇太神宮儀式帳に次の如く記された。

纏向珠城宮御宇活目天皇（垂仁）御世爾倭姫內親王遠爲二御杖代一齋奉支。美和乃御諸原爾造二齋宮一出奉天齋始奉支。爾時倭姫内親王、大神乎頂奉氐願給國求奉時爾從二美和乃御諸宮一發氐令二出坐一支。

とありて、三輪の御諸原に鎮祭されたといふ傳である。大神神社の境内古圖に檜原社ありて、社傳口碑に、檜原社は豊受大神の暫し鎮座し給へる舊跡にて倭笠縫の古跡とある。併しこの地を以て倭笠縫の跡といふは、全然錯誤たるに過ぎざるも、儀式帳の美和の御諸宮の遺跡たるに相違あるまい。

之れを踏査するに、三輪山境内神地の麓に位し、山全體からいへば殆中腹とも稱すべき斜面地である。神名帳考證に巻向坐若御魂神社、今穴師山南檜原稱二豊受太神鎮座地一是乎」とある巻向坐若御魂神社を以て之れに擬するは誤りであるが、此の地が外宮の舊跡といふ説である。卽ち大倭本紀にある神代三鏡の一たる御食津神――奈具神鏡を祀られたる遺跡なるに論なく、從つて檜原は日原とも記し、三諸宮の跡で又外宮神鏡の鎮祭地であつた。然れば大神宮はこの三諸宮より宇多の阿貴宮に移られても、奈具神鏡は此の地に留め置かれたのである。それは恰も名草宮に於て日前神鏡を留められたる如く、之に奈具神を留められたのであつた。それを後、雄略帝の朝、此の所より伊勢へ遷坐せられたのである。

丹波より移されたる神は外宮酒殿神

更に轉じて丹後方面を觀察するに、其の外宮の舊跡といふ比治山は、今中郡五箇村鱒留に在りて交通不便の山村で、畢竟皇室の奈具神鏡を之に移祭せらるべき何等の理由を有しない。若し假りに傳説の如く吉佐宮が大神宮の假宮でありとせば、同所に祭らるべきであらう。況や吉佐宮は火明族の祭る所で大神宮には何等の關係を有しない。實にや丹後國から移祭せられたといふ神は、神名祕書に下の如く記されてある。

（外宮）酒殿神、件神者伊弉諾伊弉冊尊子、和久產巢日神子豊宇賀能賣神。丹波國與謝郡比沼山頂有有レ井、其名號二麻奈井一此處居神也。

とある。一説に麻奈爲神が外宮御井の神で、竹野郡船木の奈具神が外宮酒殿の神ともあるが、何れにしても外宮の酒殿の神や、御井の神であつて斷じて外宮の神鏡では無い。然れば皇太神宮の供御神たる外宮は御諸宮より移されたることが肯定せられ、從つて大神宮が丹後吉佐宮に移り給ふといふ傳説の如き勿論信ずるに足らぬ。倭姫命世記に、大神宮を吉佐宮に四年奉齋とあるを、吉見幸和の五部書說辨に之を僞作とせるは其の意を得て居る。丹後宮津志、丹後名所記等に等由氣大神は舊與謝郡切戸にありて與謝宮と云ひしを、後世橋立に遷し、改て橋立明神といふとある如きは冒稱である。丹後國に於ける吉佐宮、奈具神等は本來火明族の祭祀せる所で、斷じて皇室に何等關與する所がない。

三　奈具神の原名と移祭の原因

奈具神鏡のナグは、神饌犧牲の義で御食の名であつて、本來の神名では無い。バビロニアに於て日神ニンギルス神の大女神ニナの妹、ニサバ女神が五穀專門的に守る神である。皇孫降臨の時に、外宮神鏡を副へて降し給へりといふ傳說のあるのも、雄畧天皇の朝、大神宮の御食津神を欲せられたる原因も、ウツの神の子女神たるニサバ五穀神なればであらう。崇神天皇朝まで奈具神鏡を大神宮と共に祀られ、更に三諸宮より度會へ移祭せられたる譯も徹底する次第であるから、奈具神鏡の本名は必ずニサバ女神であらう。

チアム系國語の阿賀の神、宇賀の神は、阿賀彦阿賀姬、宇賀神、宇賀能賣神、宇賀能魂神など稱へた。然るに丹後の奈具四社を共に宇賀能賣神といひ、外宮を特稱して豐受姬神と申し、女性にのみ唱へられてゐる。神祇志料に。

度會宮、相殿神三座、御伴神三前を祀る。みな女神に坐り。按相殿神三前御裝束、御被御衣の外に御裳九腰とある。此御裳はみな女神の装束にして、男神のものにあらず。而るを鎮座本紀に三座は瓊々杵尊、天兒屋根命、天太玉命なりと云るは、後人の妄誕説なる事を知るに足れり、故今とらず。

とありて、相殿の神も女神である。こは本來奈具神鏡の女神なるが故であるから、ニサバ女神なる由が一致する譯である。

四　内宮外宮の稱

内宮外宮の稱を舊説に、伊勢風土記に宇治は大神奉齋によりて宇治郷を以て内郷と爲すとあるによりて、其の宮殿を内裏に比べて内宮と唱へ、其の在地を内郷とも云ふ（神宮大綱）とあるも、此の説は迷誤である。それは内宮は既説の如く宇治と同語、薩摩國加世田の内山田、大隅國鹿兒島神宮の内山田村内に同じく、皇室に於ける日神鎮祭地の稱である。いふまでもなく日神ウツの轉訛で決して倭人語の内外の義ではない。況や内裏に比して内宮など申すのではない。後世日神鎮座地の名稱を忘失し、これを誤解して内外の義に轉用せるに過ぎぬ。日本紀略等に依るに、内宮外宮の號は、朱雀天皇天慶五年に始るといはれてゐる。

第三章 伊豫小市國造越智族と大長宇津神、大山積和多志大神、御鉾神

第一節 伊豫二名洲は海神稱號

伊豫二名洲とは古代四國の總名で、日本書紀に伊豫二名洲、一書に伊豫洲とある。古事記に、伊豫二名洲を生む。此洲は身一つにして面四つあり、面毎に名あり、故伊豫國を愛比賣と謂ふ云々とある。伊豫の名義は舊説にイヤ（彌）の義といひ、松村仁三氏はユ（湯）の轉とし、坪井九馬三氏は入江の義と解かれた。また二名は舊説に四國の國名が何れよりするも二國づつ見ゆるによりて二た並びの義といひ、或は四國と淡路島の二並といひ、坪井博士はチアム族が先づ伊豫を開拓し、次に阿波が成りたちて名が二つできたので二名といつたと解れた。

併しこれ等の説は主として倭人語、チアム語や其の思想を以て説明せんとするもので徹底しない。原始時代に於ける天孫人種系の言語によると、伊豫のイは伊勢伊豆と同語後の附加音、ヨはヤの轉で海神ヤー（Ea）の義である。彌彦神社を延喜式に伊夜比古神社と載せ、イヤとヤは同

伊豫二名洲はヤーの太魚の島の義

語でイヤの變イヨである。ヤとヨの同音なるは、漢音のヤ（夜）をヨといひ、感嘆詞のヤとヨの共通によるも、亦舊說に伊豫をイヤ（彌）の義と爲すが如き皆これを證する。伊豫國は本來豫國である。和銅七年好辭二字を以て記することになりて、豫國、紀國、勢國、賀國、豆國等の一字單音を殊更に伊の助音を附加した。

二名洲のフタは太の義、伊勢の二見浦は太海の浦、二荒山神社は太現山神社の意。名は魚の古名、仲哀紀に「魚鹽地を獻る」とも「皇后魚鳥の遊を看はす」ともある。魚をナといふは、セミチック・バビロニアン語のヌヌ（Nunu）魚の義の變化で、所謂海神國を儺國といふも魚の義で海神を意味する。儺國は本來奴國といつた（儺國の章參照）。バビロニアに於て信仰上から魚は海神の使で、又海神そのものとして同視せられた。後世海神ヤーの像は人頭を有する魚形であつた。我國に於ても古代魚族を海神代表として信仰せられた。後世に至りても既說の如く鹿兒島神社に於ては土人鰐魚を以て海神と信仰した。また今日にても小兒語に神のことをノノ様といつて居る。ノノはヌヌの轉で本來は海神を意味する語である。然れば伊豫二名洲はヤーの太魚の洲の義、卽ち海神たるヤーの大本社の鎭座せらるる島の意である。

然らばそのヤーの大本社は何れに鎭座せられたるか、天孫人種系一般の習慣として、多くは海神國に日神氏を名乘る氏族が海神を祖神とし、日神火神を祖先として並祭する例である。古來四國で日神氏が海神と日神火神等を並祭する處は、ヤーの太魚の島の本國たる伊豫の小市國造に祭られて居るのである。併し小市國造及びその所祭神は夙に區々たる說を生じたるも、幸に原始時代の眞相を傳へて居る。

第二節　大長宇津神は日神鎭護地

大長は鎭護地の義

大長は大長島、大長村といひ、元來伊豫越智郡なりしを德川時代の中期に安藝國豊田郡に屬した。本來大長はオホナガと訓む。ナガは長狹、長屋に同じくスメル語のナグ（Nagu）で、神の鎭護地の義、それが何れの時代よりか音讀せられてオホチョウといつた。然らば此のナグには何神が祭られたるかといふに、宇津神社が鎭座してある。此の社は大三島國幣大社大山祇神社（一名和多志大神）の舊攝社である。天正七年五月三島大祝越智安任手記の三島宮攝社末社神靈並鎭座所之記に「宇津神社、枉津日命也。此神社越智島内大長村鎭座」と載せ、その朱書に大祝安朗（元祿時代の人）曰く、「此大長邑當時藝州領豊田郡之内也」と記し、三島宮社記に一說瓊々杵尊とある。藝藩通誌に「大長村の宇津神社は祭る所、神直日、八十枉津日、大直日の三神と見ゆ。其の祭神を枉津日、直日神といひ、或は宇津の名義を大日本地名辭書に稱美の義

宇津神社は日神

といふは共に誤である。宇津はスメル語の日神ウツ（Ut）である。宇都宮市の宇都宮神社

（二荒山神社）は崇神の裔現々君の祀る所で、祭神は豊城入彦命とあるも實は日神ウツである（其章參照）。穴門國造の祀る宇都宮、神武天皇の先導者珍彥を祭るといふ大分縣佐賀關町縣社椎根津彥神社を土俗宇都宮といひ、本來此の地に日神を鎭祭されたのである。大長村の宇津神はナグウツ卽ち日神鎭護地の義で、鎭護地が地名となり、神名が社名となりたることが知られる。然れば本社は原始語を傳へたる點よりするも、其の鎭座の時代が推測せられる。大長灣の港口御手洗町はミタラシの義。吉田東伍の說に、

　按に大長祠は古祠にや、古今著聞集云「後鳥羽院の御時、伊豫國おほてうの島と云所に天竺の冠者といふものありけり。月毛のこまのちいさきにのりてめぐりをどり、げにも目を驚しけり」。明月記云、「承元元年、伊豫國稱天竺冠者狂者搦取。稱神通自在、致種々權謀云々」と、此おほてうは卽大長にて、天竺冠者の神通自在など云ふは、宇都神社に起れる事ならん。

とある。此の社は大山祇神社攝末社中最も由緒ある古社で、原始時代に於て本社たる大三島大山積和多志大神と共に並祭せられたるは、後段に縷述する所によりて灼然たるものがある。

第三節　大山積和多志大神

第一　本來海神にて山神は兼備の神德

一　祭神の本質

大山積和多志大神とは、越智郡大三島國幣大社大山祇神社である。俗に大三島神社ともいふ。續日本紀に越智郡大山積神と記し、釋日本紀に三島大明神と見え、御祭神は釋日本紀に引く伊豫國風土記に、

乎知郡御島坐、神御名大山積神、一名和多志大神也。

と載せ、大山積神にして一名を和多志大神と申すとある。即ち大山積和多志大神である。この大山積神は山神の稱であり、一名和多志大神は海神の號であることが、本社祭神の疑惑せらるる點であると共に、即ちそこに原始史を傳へたる譯である。

和多志とは國幣小社沼名前神社（祭神綿津見神）を和多須神とも渡神とも記し、土俗に「和多志さん」といひ、海神が祭られてある。本來沼名前神社の名義は其の章及下段に述ぶる如く、バビロニア新語のヌヌツクドマで海神の前の意で、卽ちヤーの太魚（伊豫二名）のヌヌ（ノノ）の島（大三島の古名）の地の御前の義である。然れば本社分社共に和多志神といふ次第なるが故に本社も同じく海神が祀られたるに疑が無い。それ等に就ては次々に述ぶるとして、本來ワタ（海）の語原は既說の如く、スメル語のアッダ（Ada）海神又は海の轉化である。それが倭人語系國語の渡ると類似闇合したる爲に思想混淆せられ、遂に海は渡る者であるから海をワタといふなど、本末顚倒說を生ずるに至つた。併しワダはアッダが語原であるから海又は海神の意である。

若し和多志のシがチアム語のシならば神、王、尊長に對する敬語であらう。神武紀の兄猾のウカはチアム語の穀物、シは敬語で神の義、筑紫は月の神樣の義、和多志のシがチアム語ならば海の神樣の義であらう。併し之れはワダ（海）を渡るに解し航海守護神の義に用ひたるものなるが故に、沼名前神社を一に和多須神といひ、他社に於ても和多須神の例少なからざるが故に、シはスの轉音と見るを穩當と信ずる。

平田篤胤翁は、此の和多志大神といふことを移祭の義に解いた。古史傳に、大山積神……一名を和多志大神と申すも、他所に渡し奉れるに由ての御名なるべし。他所へ移したるを和多須と云る例は、五十猛神の御妹、大屋津比賣命、枛津比賣命を木國に渡奉るとある是なり。

と述べた。併し氏の眞意は伊豫風土記（下に引く）のやうに大山積神が百濟國より津國に渡來し、仁徳の朝伊豫に顯るとある（此說の附會なるは下に述ぶ）、其の渡來といふは無稽であるから必ず移祭の義であらう。又一名を和多志大神といふも、大山積神は山神で海神にあらざるが故にこれ亦移祭の義と考へられたやうである。又木國に渡し奉るの例は、移すことを和多須といふ證に引かれたまでゞ深く咎むるに足らぬ。渡しの神、渡すの神は神靈が海上を守護して人を渡す義なるが故に海神であると同時に、神が主で人が客である。これを反對に人が主となりて神を移し渡す義としては神名としての意義を成さぬ。かゝる神名のあり得べき筈ではあるまい。紀一書に素戔嗚神の子五十猛神等の三神を木國に渡し奉るとあるは、出雲族が紀伊國へ植民して、其の地に三神を祭祀せしを物語るもので決して神名たる和多志神と混淆すべきではない。然れば何れよりするも、和多志大神とは全く海神なることが首肯せられる。大山積神といふ

阿奈波神社は海神の稱

名は、古來何人も山神とのみ信じたのであるが、大三島神社を大山積神と申し上げるは決して山神ではない。それは既に吾田國、伊勢國章に於て述べたる如く、大山積神には海神ヤーの轉訛神と、山神の二ありて當社の如きは本來全く海神である。

當神社の攝社阿奈波神社（三島宮御鎭座本緣は穴場に作る）祭神を石長姫神といひ、攝社兼鄕社姫子隝神社祭神を木花咲耶姫命といふは、大山積神を山神と誤解したる爲で斷じて本來山神の御子神を祀られたのでは無い。それは阿奈波神社とは、縷說の如くアアヅバ（Aaduba）海の義である。アアは略してアとなり、ツはノの意に轉じてナとなり、卽ちアナバは海神の義である。現に當社は境內御串山の海邊に祭られてある。

又はアハ（Aha）海岸の義である。アハは緩和すればナの助辭を添へてアナバとなる。これ亦海岸卽ち海神の義である。續日本後紀に、伊豆三島神社の本后を阿波神とあるのと同語同神なることが知られる。忌部氏の祖太玉命を祭つる神社を安房神社といひ、安房國といふも同語である。太玉命はセミチック・バビロニアン語で海又海神をチマタ、タマトといひ、我國にて海神を豐玉彥玉依媛といふに同じく海神である（其章參照）。忌部氏は海神を祖として祭祀した。否我國に於ける原始時代の天孫人種系氏族は、殆海神を大祖として居る。延喜式遠江國阿波々神社は小笠郡粟本村阿波々山に鎭座し、祭神を阿波比賣命といひ、亦社名を阿波神社とも稱へた。播磨風土記の加古郡鴨波里は、和名抄の住吉郷で海邊である。アハハはアナバと同語系統の變化で、一名を阿波神社といひ祭神を阿波比賣といふは、畢竟彼此共通神たることが知られる。

然れは阿奈波神社は、本來アアヅバ、又はアハの變化であつて海神を祭られたるに拘らず、夙に祭神を忘失したると、本社を山神と信じたるとによりて、阿奈波を姉婆の義に誤解して祭神を石長姫といふに至つた。石長姫を懼れ多くも姉婆など社名に申すことの事實あり得べからざることであるから、當社鎭祭は原始時代の名を傳へたるによるも、その時代の悠遠なることが推測せらるると共に、その本社たる大三島大山祇神社の海神ヤーの神の轉訛なることが證せらるる譯である。

又本社の後方に末社姫子邑社ありて、大山祇神社足利初期古圖に之れを若宮と記され、今社傳に木花咲耶姫命、火々出見命、火須勢理命とある。併し若宮は三社並立して火闌降、火火出見、火明の三社で、これを俗に産社に誤解して木花開耶姫といひ、或は越智益躬といふが如きは迷妄である。若宮は本來一般の例によるに日神の子火神を意味し、海神の孫を呼ぶ言葉である。

それは大和國造珍彦族の祭る若狭彦神社はワカウトの義で日神の御子火神を意味し、一に若狭遠敷神といひ、ニフはバビロニアの火神ナブ（Nabu）の轉で、現に祭神を火々出見命、豐

姫子島は日女子島にて日の女神の御子火神の鎮座する島

玉姫といひ之れ亦一致する。姫子島は今、越智郡岡村島といひ、關前村大字岡鎭座、本社の攝社兼郷社姫子嶋神社現在祭神は木花開耶姫を主祭して、火々出見命などの祭られざるは錯誤である。姫子島社といふは本來は卑彌呼と同語日女クク（日神の王）であるが、之には日女子で日神の子火神を意味する。それを後世姫御子に解して木花開耶姫に誤つた譯である。鎭座所を岡といふは明石、明光浦のアカの變で、火神アグの轉、月をアヅキ（厚木、小豆）、ヲヅキ（小月）、阿賀神を豊遠賀姫と同例、アカ、オカの變化は怪しむに足らぬ。小市國造はこの社の他に火神を御鉾神（御火の男神の義）として所在地に祀るは、チアム系國語に依る名稱である。

バビロニアに於て海神ヤーの子日神その子火神である。我が國に於ても天孫人種系氏族は殆海神を祖神とし、日神火神を祖先として並祭する例である。之れ亦一般の習慣の如く、祖神たる海神を最大なる大三島に祭り、其の御子神たる日神を次の大長島に祀り、其の御子神たる火神を中間に位する小さき岡村島即ち姫子島に祭祀したるものであるから合致する譯である。これを示せば圖の如くである。

二　海上有縁の靈として祀らる

本社は古來如何なる信仰を以て喝仰せられたるか、それは一名を和多志大神と申すやうに、海

「大三島神社地理」
伊豫國越智郡
今治
別宮大山積神社
大島（野島）
治方島
大三島（野々島）
大山積神社
野々江
三島江
大長
安藝國

上守護の神霊として崇敬せられた。其の神威の例は大鏡に、

敦敏の少将の男子佐理大弐、世の手書きの上手よ、任はててのほられけるに、伊豫の國の前なるとまりにて、日いみじう荒れ、海の表あしくて風おそろしう吹きなどするを、少しなほりて出でんとし給へば、また同じやうにのみなりぬ。かくのみしつゝ日ごろ過ぐれば、いと怪しく思して、物問ひ給へば、神の御祟とのみいふに、さるべき事もなし。いかなる事にかと、恐れ給ひける夜の夢に、見え給ひけるやう、いみじうけだかきさましたる、をとこのおはして、此日の荒れて日ごろへ給ふは、おのれがしはべる事なり。それはよろづの社に額の掛りたるに、おのれがもとにしもなきがあしければ、掛んと思ふに、なべての手して書せんがわろく侍れば、われにかゝせたてまつらむと思ふによりて、此をりならではいつかはとて、止め奉りたるなり、とのたまふに、たれとか申すと問ひ申給へば、この浦の三島にはべる翁なりとの給ふに、夢のうちにも、甚じうかしこまり申すとおぼすに、おどろき給ひては、また更にもいはず。さて伊豫へ渡り給ふに、おほくの日荒つる日ともなく、うら〱となりて、そなたざまに追風吹きて飛が如く詣でつき給ひぬ。湯度々あみ、いみじく潔齋してきよまはりて装束して、やがて神の御前にて書き給ふ。社の官どもめしいでてう

たせなと、よく法のごとくして、かへり給ふに、つゆ恐るゝ事なくて、末々の船にいたるまで平らかに上り給ひにき。

とありて、その神德の海神たることが知られる。本社は瀬戸内海の中央、藝豫海峽の咽喉部たる大三島の而も海邊に鎭座せられ、古來越智直の祖神として水軍守護神として崇敬された。三島水軍の祖越智直守興は齊明天皇七年、朝鮮百濟國救軍募兵の爲、天皇親ら伊豫へ行幸され、守興は 勅 を奉じて水軍を率ゐ朝鮮白村江に到り、唐の水軍と戰ひ、日本水軍は全滅して守興等日本の大將八人虜となりて唐國に到り、遁れて天智天皇三年に歸朝した。(日本靈異記、今昔物語、豫陽盛衰記、越智氏族考證參看)。その裔たる河野氏は三島水軍の祖神として、足利時代には日本海賊大將軍の守護神として崇敬せられた。

大日本地名辭書に、

乎知郡御島の神の事は釋紀所援の古風土記に載せ、越智諸族は之を奉じて其家を起す。蓋 **海上有緣の靈**なるべし(三島の條)。又大山積神とあるは最 舊き傳説なれど、此神名は神代卷なる大山積と同一なりや否やは亦一疑とす。之を要するに、此神は本來津國の三島、及伊豆の三島と全く別神と見る方、却て穏當なるを覺ゆ、尙考ふべし（大山積神社の條）。

と記し、伊豫三島神は神代巻の山神たる大山積神にあらずして、海上有縁の靈と斷じたるは卓見である。その津國三島と別神なるは、下段に述ぶるが如くである。併し伊豆三島神をも別神といふは、彼を山神と思惟せしが爲なるも、實はこれ亦海神ヤーの轉訛神卽ちバビロニア系たることは本章及び其章、茅渟章等に述ぶ。

三　神使と神紋

伊豫三島神は古來白鷺を以て神使とせられた。古事類苑神祇部に「神使カミノツカヒ、又ツカハシメ、……（伊豫）三島宮御鎭座本縁、三十三代泊瀨部天皇御宇崇峻御事己酉二年（中略）白鳥ノ鷺、三島使女云」と見え、豫章記に、元寇の時河野通有は氏神三島社に詣で、祈請文を書きオシデを灰に燒きて自ら飲みなどして筑前に出發したることを記して、

通有……無二詮方一心中日本國大小之神祇、別シテ三島、八幡ヲ祈念申、肝膽ヲ碎給フ處ニ沖ノ

神紋龜甲は海神の標章

方ヨリ白鷺一ツ飛來ル。櫓ノ上ニ被置タル、百矢ノ中、鳥羽作ノ征矢一ツクハヘテ上ケルガ、夷國大將ト覺シキ、大山成大船樓閣重々金銀ヲ磨タルニ、旗旌片々トシテ風ニ飜タル舟ノ上ニ落タリ……通有ハ是則明神ノ敵ノ大將船ヲ敎ヘ玉フ者也、少モ不可遲々とて……

と載せ、三島明神の神使は白鷺である。白鷺は古來海神の使とせられた。それは筑後國三潴郡大川村縣社風浪神社（祭神少童命）の由來を、筑後志、筑後地鑑に「往昔皇后（神功）三韓より凱旋の時、颶風起り船覆らんとす。皇后自から海神に祈り給ふに、忽ち風和き海靜まり、恙なく葦原の地榎津に着船あり、此時白鷺北に飛び行く、皇后武内宿禰に命じ、彼の白鷺の止まりし地に宮殿を造りて、少童命を祀らしめ、風浪の宮と稱し奉る」と見え、その事實は兎に角、白鷺は海神の使としての信仰ありしことが察知せられる。

本來海神の使は我國に於ても神功紀三韓征伐の段に「海中大魚悉浮挾船」とある如く魚であるが、當社に於ては原始思想は既に亡失したるも、併し大三島の古名野々島によりて察せられる。

當社の神紋は、本來龜甲であつて、それが三島の名によりて角切折敷三文字に變化した。龜甲はバビロニアに於ける海神の紋章なるが故に符合する。猶下に述ぶ。

大山咋とは山の人で卽山神の義

山王とは山神の義

四　山神は海神の兼德

山神は本來古國語で大山咋と申した。山はモン・クメール語のYema咋はチアム語のKui人の義で神を意味する。畢竟人といふ言葉が尊敬語に神といふ義に用ひられたる例は、バビロニアに於ても後世奴隷の生せし以來、アミル（人）の語は非常に尊敬せられ、優等階級を意味するに至りベル（主君、主人、主神等の高級の意義）に代へて用ひられた。大山咋神を祭る神社を山王社といふは山神の義、近江國比叡山の山王社はチアム派の祭る山神の總本社とも稱すべき神社である。山神を大山津見神ともいふは、綿津見神に對する新神話時代の作爲に係る神名で、決して原始神名ではない（吾田國章參照）。

伊豫大三島神社へ山神の緣故神を合祀せられたといふ傳說は三島宮御鎭座本緣に、

崇德院御宇保延元乙卯年本社ニ雷神高龗加以二三社一、本社ト可レ崇之宣旨有レ之。

と記す。併し其の實これを祭祀されたる形跡が更に存在しないことである。それは三嶋宮攝社末社神靈鎭座所之記（天正七年の記）に、

三島宮本社　大山積命也　神座三座深秘有口傳

左、上津姫宮　雷神也

右、下津姫宮　高龗也　此以三社而奉崇三島宮

とある。其の攝社の兩姫宮を以て雷神、高龗と爲すは明かに錯誤を物語つて居る。それは次に述ぶるとして、又本社の神座は三坐深秘口傳ありといふも、勿論延喜式に大山積神社一座と載せ、現在も御內陣は一座であらせらるるのである。兩攝社は三島宮御鎭座本縁に、

近衛院御宇康治元年、下津姫宮の造營調。同御宇久安三年上津姫宮造營調云々、雷神高龗兩社姫神祭コト當社傳ニテ內陣事男子不レ勤レ之。太祝ヲ始上官古老妻女ヲ以遷宮等規式執成。平生神事御戸開、神子內陣入幣帛等入替相勉。

とありて姫神なることが著しい。現に夏冬御更衣祭には、古例によりて宮司と雖も內陣に入るを許さず、神子これを奉仕し、殊に上津姫 社には國寶女神木像四體あるによりて明である。然

れば雷神高龗を祀られたといふ傳は、事實に於て認むることが出來ない。この說は御祭神を山神と信じて、紀一書によりて雷高二神の合祀をいふに過ぎぬ。上下兩姬社は女神と知られたるも、祭神名の傳は更に見ゆる所が無い、妻神であるが姬神であるか、又は日女（日の女神）稚日女で日神火神なるやも不明であるが、それに就ては下條社殿順序の段に述べる。

大三島神社を山神といふ徵證無し

當社に山祇神を祭られたるは、大三島浦戸村舊攝社諸山積神社あり、境内末社にも諸山積社ありて、大山祇神、中山祇神等書紀第八の一書の五柱諸山祇神を祭りたるは、明かに山神大山祇神に相違ないのであるが、本社を山神といふ傳說は、古來全く不確實で、何等の傍證となるべきものが無く、却て周圍の事情は海神たるの徵證が殆無限に現はるるのである。

山神たる大山祇神の神性

全體山神たる大山祇神、雷神、高龗とは如何なる神性であらうか、書紀第七の一書に軻遇突智を斬りて三段と爲し、其の身は雷神、大山祇神、高龗と成り、其の血に化成る神は磐裂神、兒磐筒男神、磐筒女神、兒經津主神とある。神話學上、地の神たる伊弉冊神が火神を生み給ふといふは噴火山の神話である。フジ（富士）とはアイヌ語の火の義で、元來は火を吐いてゐる●其のものを活物として卽ち生氣の靈物として崇拜した。それが富士の山靈を人格化して富士明神とも淺間神とも大山祇命ともいひ、一宮記に至りはじめて木花咲耶姫といふことになつた（淺間は阿蘇と同語アイヌ語の火山の義、併し朝熊、朝倉、の朝はチアム語の Ahā 食物の義）。

紀第八の一書に火神を五段と爲し、大山祇、中山祇、麓山祇、正勝山祇、雛山祇と記し、古事記に火神を斬りて刀の血に成る神は石拆神……といひ、刀の本の血に成る神は、甕速日神……建御雷之男神亦名建布都神、刀の手上の血に成る神は、闇淤加美神……、火神の身に成る神は、正鹿山津見神等八柱の山神が成るとある。これ等は勿論拜火教思想によりて種々の神話を生したるものなるはいふまでもないが、其のイカヅチ（雷神）は本來クメール語の Ik — čuci 嚴神の義、タカ（高）は Taka で峻高の義、オカミ（龗）は o. kau 神の義、クラ（闇龗）は kla 蛇の義であつて、而もこれ等の神は主としてチアム派によつて祭られたるものである。併しその經津主神、建御雷神は朝鮮系出雲派の風雨神卽ち武神たるは第二編及第三編第五段皇室と神祇の章に述ぶるが如くであるから、加具槌神話はチアム派、ツングース系出雲派等の混淆神話なることが察知せられる。

又古事記に、伊邪那岐命伊邪那美命が山神大山津見神と野神鹿屋野比賣神を生み給ひ、山野の二神によりて天之狹土神等八柱の神を生み給ふと見えたる如き、又出雲神話に、國神大山津見神の子足名椎、手名椎といひ、書紀に、諾冊二尊が山を生むとも、一書に山神等號山祇ともある如きは、新神話時代の名稱であつて斷じて原始語ではない。山神の神性は右のやうであつて、天孫人種系たる大三島大山祇神社には何等關係を有しない。

山神は海神兼備の神德

本來伊豫、吾田、伊勢、安藝、伊豆等の大山積神は、ヤー神の轉訛神で無論山神ではない。併し海神ヤーを大山津見神と申すは、單に言語の類似ばかりでなく、バビロニアに於ける海神は地（山）神エンキ（Enki）の神德を兼備せられたのであるから變化の可能性がある譯である。故に本來海神なると共にまた山神の神德を兼ねられたる次第である。

バビロニアに於て海神ヤーは水神であると共に地神で、後に分化して地神エンリル（Enlil）の父となられた。セミチック・バビロニア人も海神チアマットは大地の母神と信じた。我が國に於ても海神は水神で地神變化の例は尠くない。

金葉和歌集に、

> 範國朝臣にぐして、伊豫國にまかりたりけるに、正月より三四月までいかにも雨の降ざりければ、苗代もせでよろづに祈りさわぎけれど、かなはざりければ、守、能因歌よみて、一宮にまゐらせて、雨祈れと申ければ、まゐりて祈申ける歌、

大山積神は海神の表現神にて海神は國常立尊の表現神

能因

天の川苗代水にせき降せ天降ります神ならば神

神威ありて、大雨ふりて、三日三夜やまずと家の集に見えたり。

と記し、水神にて五穀神である。併し後世は何れの神でも敢て神徳は限定されてゐないが、原始時代には却て秩序が合理的であつた。當社は古來海上守護神、水神、山神、五穀神、勝利神として崇敬せられた。伊豆三島神社も大山積神で航海者漁業者に信仰せられたると一致する。

近古以來本社祭神、大山積神 卽 國常立 尊說を唱へられてゐた。表現哲學上、地球の大生命の表現神は海神であり又地神なるが故に此神に對する古來の思想は理由がある。かく海神地神は本來一神で國常立神の表現神なるが故に、日神を海神の子といふは日神は大地（海）の精なりとの思想である。然るに太陽は毎日海より出づるに因て海神の子と思惟せるならんとの說は皮想であらう。

第二　伊豫三島神、伊豆三島神、賀茂建角身神、三社同神にて天社

伊豫三島神と伊豆三島神、山城賀茂建角身神の三社同神說は、北畠親房卿の二十一社記に載せられたる古傳說である。それは同書に、

賀茂社、山城ノ賀茂、葛木ノ賀茂トテ坐ス各別ノ神也。葛木ノ賀茂（鴨トモ申）都波八重事代主神ト云。賀茂家陰陽道ノ輩祖神トモ奉齋也。是ハ地神ニテ坐ス。山城ノ賀茂ハ天神ニテ坐ス。伊豆ノ賀茂ノ郡ニ坐三島大明神、伊豫ノ國ニ坐三島ノ神同體ニテ坐スト云々。天神トハ申セドモ所見未レ詳。

と記し、この說は原始史を傳へたる貴重なる文である。それは茅渟章に述ぶる如く、武角身命は本來和泉國の海神名たる山城水門（山城國名の本源）の武茅渟祇と同名同神で、茅渟の名義は海神ヤーの神德による名で、チヌとはスメル語のチン（Čin）で生命の義、ヤーの神は生命を掌り給ふ神として崇拜せられ、其の神德チヌを以て呼稱せるが故に其の鎭座地を茅渟と申した。賀

茂縣主系圖に、天神玉命の子天櫛玉命、その子武角之身命の子建玉依彦命、玉依姫とある玉は海神の義である。

伊豆三島神は舊說に大山積神とありて、これ亦海神ヤーの轉訛神である。それは本后といふ阿波神は既說の如く海神を意味し、また后神といふ伊古奈姫は火山造地の神といはれ、賀茂武角身神の后神伊加古屋姫と同語同神で、其の古、加古は籠神社と同語、コ、カゴ、アゴ、アグで本來火神名である。伊豆三島神創祠者たる伊豆國造並に伊豫三島神創祠者たる小市國造を共に物部連の祖又は同祖といふは、本來宇摩志麻治家の物部連同族ではない。それは下說の如く物部は靈部卽ち神部の別稱であつて、古代は神政を行ふ氏族をツングース語を以て露部と稱へた。因りて神祇の長たる宇摩志麻治の靈部と混淆せること、恰も中古に於ける神官が中臣を冒稱せる如き狀態であつた。伊豆國造を天蕤桙命の裔といひ、亦小市國造の祖先を御鉾命といふは共に火神の稱で、海神、日神、火神を祭る天孫人種系一般の習慣である。然れば伊豆三島神も伊豫に同じく海神ヤーの轉訛なることが肯定せられる。

然るに伊豆三島神は、明治六年に祭神大山積神を改めて前出雲系の事代主神とせられた。其の理由とする所は、二十一社記を原本として後世編纂に係る、二十二社本緣の文に、前掲二十一社記の「山城の賀茂は天神にて坐す」の十二字を脫文せるに據りて、平田篤胤翁が伊豆三島

伊豫伊豆三島神社は本末の關係無し

伊豫伊豆三島神山城賀茂は共に天社

神を以て鴨事代主神とせしに原因する。伊豆三島神がチアム系前出雲派の神ならば、伊豫三島神も、山城賀茂武角身神も共にチアム系の事代主神たらざるべからざる理であらう。然るに其の事なきは輕擧驚くべきである（茅渟、伊豆各章參照）。

伊豆より伊豫へ移祭説は、三島宮御鎭座本縁に「二條天皇永萬元年四月諸山積神社の造營成る。是れ當島（大三島）内へ伊豆三島を勸請の初なり是を浦戸神社といふ」とある。併しこれは一説に伊豆三島神は諸山祇神といふ説によりたるもので固より採るに足らぬ。また伊豆三島神は伊豫より移すといふ説も、二社同神たるを語るもので、決して本祠分祠の關係を有せざるが故に、三社は共に天孫人種系氏族所祭の海神であつて斷じて山神では無い。

二十一社記並に神祇令義解に、山城賀茂を天神といふは其章に述ぶる如く、天孫人種の神は天社で先住民の神は國社であつて、斷じて後世思想の天の神、國土の神の義ではない。故に伊豫三島神、伊豆三島神も山城賀茂と同じく天社なることは二十一社記の説の如くである。

第三　津國三島神と同神説

一　三島鴨神は前出雲系の事代主神

伊豫三島神の鎭座に就ては、古來俗説多々あるも信ずるに足らぬ。殊に伊豫古風土記の說は、世人の最も信憑すると共に疑惑する所であるが、これを原始史によりて、本源より清澄すれば、忽その扮飾假面は剝奪するのである。その釋紀所引の伊豫國風土記の文は下の如くである。

乎知郡御島坐、神御名大山積神、一名和多志大神也。是神者所顯難波高津宮御宇天皇（仁德）御世、此神自百濟國度來坐而津國御島坐云々、謂御島者、津國御島名也。

と見えてゐる。併しその百濟國渡來のことを述ぶる前に、津國御島に坐す神とは如何なる神にや、先づこれを承知したい。古代に於て津國三島といふ名の現れたるは、神代紀一書に「事代主神八尋熊鰐に化して三島溝樴姫に通ふ、或は玉櫛姫と云ふ。兒姫蹈鞴五十鈴姫命を生む、是れ神日本磐余彦火火出見天皇の后也」とも、神武紀に「事代主神三島溝樴耳神の女玉櫛媛に共て……」と見え、この事代主神を古事記と一●には大物主神とある。延喜式に、島下郡三島鴨神社と溝咋神社とを載せ、今三箇牧村大字三島江に三島鴨神社あり、その西の溝咋村に溝咋神社がある。

三島鴨神社の祭神に就ては、古來大山祇神説と事代主神説とがある。日本書紀纂疏に「伊豆國三島神社、攝洲島下郡三島鴨神社、豫洲越智郡大山積神等同體異名也」と記し、諸神記、本朝神社考、神名帳考證や栗田寛の神祇志料等も、伊豫風土記に據りて大山積神とす。併し平田篤胤や吉田東伍の地名辭書には、本社は鴨とあるによりて紀文にある事代主神なることを斷定した。今、社傳を觀るに明治神社誌料に、

郷社三島鴨神社祭神大山祇神、相殿事代主神。祭神一説鴨御祖神といふ（攝陽群談）。創祀年代詳ならずと雖も、仁德天皇の朝大山積神百濟國より渡り來て、三島に坐し、事伊豫風土記に見えたり。……口碑によれば、往時の祭典頗る盛にして、九月二十日の例祭には、當郡馬場村溝咋姫神社の南旅所に神輿渡御あり。其式典重かりしが、中世輿丁の爭論暴行あるによりて、神幸の事絶えたり。

と見え、仁德の朝百濟渡來を記すも、風土記の文意は、伊豫へ顯るゝをいふものゝやうである。それは下説の如く何れにしても俗説で、採るに足らざるが故に論ずるの要がない。その一説に鴨御祖神とあるは、事代主神は鴨氏族の祖神たる義である。下賀茂御祖神たる玉依姫ではない。

鴨の名義は田守の神の義

下賀茂御祖神は神話からは上賀茂の母神たる義であり、史實からは賀茂縣主の御祖なるが故にこれには關與しない。その口碑に據るも相殿の事代主神が主神なることは、日本書紀に一致して更に疑がない。

然らば鴨事代主神は何れの人種に祭られたるか、鴨（賀茂）を稱する系統は姓氏錄に、

加茂朝臣、大神朝臣同祖、大國主神之後也。大田田禰古命孫大賀茂都美命（一名大賀茂足尼）奉齋賀茂神社。

とある賀茂神社は、延喜式に「大和國葛上郡高鴨阿治須岐託彦根命神社」とも出雲國造神賀詞に「大穴持命……己命の御子阿遲須伎高孫根乃命の御魂を葛木の鴨の神奈備に坐せ、事代主命の御魂を宇奈提に坐せて」とも見えたる神社である。事代主神は延喜式に「葛上郡鴨都波八重事代主命神社」とも「高市郡高市御縣坐鴨事代主神社」ともある。その鴨（賀茂）といふ語は、坪井博士によるにチアム語の Kā, mo 稲田を守る義、即ち田守の神の義といふことであり、事代主神のコトは Kôt 狩獵の義、それが日日の事務の意に轉した。その父神といふ大名貴のムチは munci 大名の義、大田田根子のタタは父といふことで、勿論チアム系の神である。そ

積羽八重事代主神は津三輪にて大和三輪の對稱、卽津國三島鴨神社の稱號

れが亦ツングース系の出雲派にも祭られた。この兩種族の混淆は內地に於てのみならず太古後出雲派の本國たる新羅に於ても雜居した。神代紀に「事代主神が出雲の三穗の碕で釣魚を樂となす」とあるは狩獵を意味し、また此の神が八尋熊鰐に化して三島溝橛姫に通ふといふは、龍蛇信仰からである。延喜式には都波八重事代主命とあるも、姓氏錄には積羽八重事代主命とも、舊事紀には都味齒八重事代主神と記し、積羽とは津三輪の義、ハはワの轉訛、大和の三輪に對して津國の三輪と申した。卽ち攝津三島鴨神社の稱號である。察するに大和の三輪は大神であるから津國の三輪は小神であらう。然れば三島鴨神社は本來チアム系前出雲派に據りて祭られたることが知られ、隨つて伊豫三島神とは所祭人種を異にする譯である。

二　三島溝咋はチアム系の水神

次に溝咋神社の祭神は、神名帳考證に溝樴姫命とある。この神は前引書紀の文によりて更に疑がない。大日本人名辭典に、大山積神の一名三島溝咋耳と記し、伊豫國風土記の津國三島神を以て溝咋神社とする說であるが、この神を祖神として祭る氏族は國造本紀に、

都佐國造、志賀高穴穗朝御代（成務）長阿比古同祖、三島溝抗命九世孫小立足尼定二賜國

溝咋は水神の義

造一。

と載せ、姓氏録に、

和泉國地祇、長公、大奈牟智神兒積羽八重事代主命之後也。

攝津國地祇、我孫、大己貴命孫天八現津彦命之後也。

また續日本後紀に、

承和二年十月戊子、攝津國人従五位下長、我孫、葛城及其同族合三人、賜二姓長宗宿禰一、事代主命八世孫忌毛宿禰苗裔也。

とあるによりて、三島溝咋耳は事代主と同系統の神なることが知られる。長公のナガはチアム語のNaga龍蛇の義、神后紀に、事代主神の告によりて長媛をして武庫に祀らしむとある長媛、其の社を長田神社といふ長も同語である。溝咋の溝は水、咋は人の義で神を意味する尊敬語なるが故に水神即ち海神である。原始時代には何れの民族でも一神で多くの神徳を兼備した。それが後世になるに隨つて分化して分掌神を生ずるに至るは常である。然れば此の神はチアム系の海神にして水神なることが察知せられる。阿比古はチアム語のアビ（火）、コはククの變で神の尊號。

舊事紀に、饒速日尊天降の時、供奉三十二神の中に、天神玉命三島縣主祖とある天神玉命は賀茂建角身命の祖と見え賀茂縣主と同族である。姓氏錄に右京神別天神、三島宿禰神魂命十六世孫建日穗命之後」とあるは天神であるから同族であらう。これを舊說に湟咋の裔とす。若し假冒ならばチアム系であらう。舊事紀の供奉三十二神の名稱と氏族は天孫人種及びチアム系ツングース系統なるが故に溝咋族たるを妨げぬ。若し三島縣主がバビロニア系とするも無論伊豫三島神と何等關係しない。伊豫三島神の創祠者たる越智族は原始時代に於て四國に占據せる最優なる氏族で、傳統的崇拜神を祭りたるものである。

然れば伊豫風土記の津國御島神といふは、必ず大日本人名辭典の如く三島溝咋神社であらう。それは他に三島神と稱すべき神社なきと、この神は本來水（海）神であり、伊豫三島神も和多志大神といひ、海（水）神で全く神德の點から同神であり、且つ伊豫御島と同稱なるが故に移祭說の生じたるに相違ないからである。

百濟は韓國の宛字

百濟國渡來說は三島溝咋の韓國渡來神話

第四　百濟國より渡來說

伊豫風土記に、伊豫御島神の本源といふ津國御島神は百濟國より渡來とある。その百濟とは朝鮮であるか、又は內地であるか、ツングース種族たる辨韓、辰韓、馬韓の內、馬韓の伯濟（百殘）は、紀元四百七年に高勾麗（大水貊）の別族たる小水貊、卽ち夫餘民族（百濟）に亡された。百濟は之れに起源するものなるが故に、固よりツングース種族にあらざるのみならず、我が國への渡來は應神仁德帝頃よりである。然れば神武の后の生家といふ三島溝咋、三島鴨神の神婚神話と其の時代に於て符合せぬ。想ふに風土記編纂當時に於て百濟民族最も多數來朝せるが故に、必ず韓國の凡稱に百濟の字を宛てたるものであらう。然らば百濟は「カラクニ」と訓むべきである。三島溝咋はチアム系の神なるも、南洋人種は早くより韓半島へも移住雜居したる模様であるから、津國三島神たる溝咋が韓國より渡來といふを妨げぬ。それはチアム族の大祖神たる素戔嗚神の子、五十猛神が韓國より渡來といふに同じく、決して奇しむに足らないからである。五十猛神に關する前出雲派（朝鮮系チアム族）神話は勢力ある後出雲派によりて古典に記載せられたるも、津國のチアム派に關する三島溝咋の韓國渡來神話は、記述に洩れて纔に伊豫風土記に載せられたることが察知せられる。

大山祇神社古代鉾は純日本様式

然るに此の百濟渡來を以て、栗田寛博士の越智氏族考證に、齊明帝の朝、越智直の祖先（伊豫三島神の氏人、守興）の百濟救軍戰に到りたるを誤り傳へたるかといへるは甚不徹底である。又長沼賢海氏の說に、この風土記の百濟國は韓國と訓み、古事記天孫降臨の段に「此地（笠狹）者向韓國云々」とも韓國嶽ともある地と述べた。此の說は內地と爲すものであるが、併し伊豫三島神を以て山神たる大山祇神卽ち天地海三神結合神話神としての立論なるが故に出發點に於て相違する。韓國嶽は旣說の如くカグ（火神）の嶽で韓國の義ではない。此の地は韓國に向ふといふは、韓國嶽に向ふの意である。此の嶽に關係を有つ大隅正八幡鹿兒島神宮は、天孫族の所祭であつて、伊豫三島神は越智族（日神氏）の所祭であり、津國三島神は溝咋族の所祭であるから何等の緣故關係の認むべきものが無い。然れば此の說も單に臆測たるに過ぎぬ。

又一說に、大山祇神社（伊豫三島神）內陣鎭座の具たる金象眼入鐵製古代鉾を以て百濟國渡來と爲し、應神仁德帝頃百濟人によりて將來せられ、伊豫三島神に納められたるが故に、一名和多志大神とも稱するならんといふ說がある。併しこの古代鉾は三叉で大鉾の根元に雲模樣の金象眼があり、袋柄に花菱の彫刻と金象眼がある。これ等の模樣は純日本樣式であつて斷じて朝鮮支那と形式を異にする。加之彼國の如き粗造武器と根本に於て製作を異にする。また其の柄は樫の自然木へ藤の卷付きて瘤狀を爲し、奇態の神木で化石の如く、其の石突は幹が急に二分したる箇所より切斷せられた儘で、全く内陣鎮座の具として我が國に於て製作奉納せられたるものと察知せられる。故に百濟渡來說はこの鉾と何等關係を有すべくも無い。況や此の鉾によつて一名和多志大神といふなどは以ての外である。假に此の古代鉾が百濟渡來としても、風土記の百濟渡來は主として津國三島神を物語るものであるから不徹底たらざるを得ない。之れを要するに此の說話は、全く津國三島溝咋の神話であつて、伊豫三島神に關係しないことが肯定せられる。

第五　三島の名稱と地の御前

一　津國三島と伊豫三島との關係

風土記に、伊豫の御島といふは津國御島の名也と記す。伊豫三島神は既說の如く、スメル系のヤーの神たる和多志大神で、四國の總名を伊豫の二名島といふも、實に太古に於て此の神の鎮座によりて、其の名稱の起りたる譯なるが故に決して仁德帝比に、津國より移祭したるものでなく、況や津國三島神はチアム系統の神であるから其の根本に於て相違する。かく二社は何等縁故を有せざるが故に、斷じて津國三島の襲名では無い。風土記に御島と記せるやうに神島の

尊敬語に外ならぬ。それは既に吉田東伍氏は地名辭書に、

三島は越智氏の氏神大山積の鎭座する所なるを以て、尊敬して御島と云ふ。御三國訓通ず……其三島の稱號は此海島に居れるより起れるものにして、必しも津國の三島、伊豆の三島と相干與すと想ふべからず。

と斷じたる如くである。攝津、伊豫、伊豆共に決して移轉襲名などではなく、單に各尊稱たるに過ぎぬ（伊豆國章參照）。

二　伊豫三島の古名と地の御前

伊豫三島のミはモン・クメール語系チアム語の御で敬語、島はモン・クメール語系で、本來海神たるヤーの和多志大神に對する原始語ではない。本社の鎭座に因りて四國の古名をヤーの太魚（伊豫二名）と申したのであるから其の鎭座の島（大三島）には、必ず古名があるに相違ない。

然らば如何に稱へしか、藤原定家の鷹百首に「伊豫路行く大山積は三島江の秋しもなぞか鳥を取るらん」とある三島江は、今宮浦港及びその內部に於ける德川時代中期比の埋沒地たる町、

大三島の古名は野々島、三島江は野々江

沼名前神社はヌヌの島の地の御前

泊方島は魚の義て海神名

水田等である。その西南隣村を野々江と稱す。野々江はセミチック・バビロニアン語のヌヌ(魚)の轉ノノで、今小兒語に神をノノ様といふは、本來海神の稱から發生したる語なるが故に、ヤーの本宮鎭座地たる三島江の古名は疑ひもなく野々江、三島は野々の島と呼んだことが察知せられる。彼の海神國といふ儺國を古名奴國と稱へ、安藝國 造の一族伊豫怒間國 造本據を中世以來野間郡といへる如く、ノノの江、ノノの島は原始語ではヌヌの江、ヌヌの島(尤も江はスメル語なるも、島は倭人語系國語)と稱へたるに相違ない。

それは單に臆測でなく之れを證すべき事實がある。卽ち大三島の東、備後國沼隈郡鞆津の沼名前神社のヌナクマは、セミチック・バビロニアンのヌヌツクドマである。ヌヌは魚の義で海神、ツはノの義、クドマは前の義で、ヤーの太魚(伊豫二名)の本源たるヌヌの島(大三島)の地の御前の義と解せられる。また鞆津の名義はエリヅ海港の主神ヤーの子、日神の名ドムーヅDomudu(智惠の子、又は深淵の子の義)の變化であつて、一般天孫人種系諸氏の習慣の如く、古代越智族が此の地に分住して、海神と日神とを並祭したることが知らるると共に、海神鎭座地たる大三島がノノの島で原始語では、ヌヌと稱へられたることが察知せらるるからである。猶之れが傍證として、大三島の東 隣に泊方島がある。ハカタはスメル語に魚を「ハ」といひ「ハ」のチンヂビヂユアリゼーションは吾田山田の如くタ音を附加してハタとなる。日本書紀や祝詞式に鰭廣物、鰭狹物とあるは、魚の義であつて決して鰭の字義ではない。儺國の博多津もハタ卽ち魚の義、カは助辭で海神鎭座の津を意味する。又南の大島を古名能島といふ、これ亦海神に關する名稱である。

大三島を中心として東は備後國因島より西は安藝蒲刈島に至る三十餘海里間に散布する群島を總稱して古來三島列島とも越智群島とも唱へ、近古まで三島海賊（水軍）の權力範圍であつた。日本百科大辭典に三島の名は能島來島因島の三家に因みある名稱となすは迷妄である。

かく伊豫三島神の原始時代に起源することは、祭神の海神であつて山神でなく、且つヤーの太魚（伊豫二名）の本源で、而もノノの島の海邊に祀られたるに因りて明である。況や下條に述ぶる創祠者たる小市國造の祖先と併考すれば、更に炳然たるものがある。

第六　鎭座と社地移動說

大三島神社の鎭座は、原始時代に在ることは縷說によりて明瞭であるが、伊豫風土記に、仁德帝の朝に顯る、所と記し、三島宮御鎭座本緣に「孝靈天皇の皇子彥狹男命、孝元天皇の朝に、大山積神を伊豫國遠土宮に祭り、仲哀天皇の朝外寇によりて小千三並安藝の嚴島に祭り、仁德天皇の朝伊豫鼻繰迫戸に遷し祭る」。また「崇峻天皇の朝に播磨より小千郡鼻繰迫戸嶋に小千

大三島神社は原始時代より現社地に鎭座

「益躬遷し祭る」ともあるが、共に無稽の俗說であつて固より信ずるに足らぬ。その孝靈天皇說は越智姓たる伊豫國守護河野氏の皇別假冒說より發生し、嚴島說は攝社大元神社祭神を大山積神と稱するによる。併し其の實大元 社は月神である（安藝國章參照）。又播磨說は明石の大藏谷に早く越智氏族の移住したる形跡があつて、伊豫より明石に移し、明石より更に伊豫へ遷したといふ迷誤である。又同書に「推古天皇の朝三島迫戸濱に大山積神社を造立し横殿宮と申す。則 今に此の舊 跡あり。文武天皇大寶元年小千玉澄 勅を奉じて横殿宮を同島 乾 方邊礒濱（現社地）に遷す」とあるが、本社の鎭座は原始時代より大三島の現社地であつて斷じて瀬戸村に關係せぬ。三島灣は宇津神社鎭座の大長灣に對峙し共に天與の良港で、且つ三島江の古名野々江が隣地にあるによりても證せられ、加ふるに瀬戸村は大三島の東海岸に位し、宇津神社と隔絶せるによるも、社地移動說の誤謬なることが知られる。

本宮と里宮

表參道と裏參道

本宮たる三島神は島宮で其の里宮は今治別宮大山積神社である。古代祭政の中心たる小市國造及び中古に於ける國府は里宮の近邊なるが故に里宮の方面から島宮たる本宮へ參詣するには、表 參道より三島江（現宮浦）へ上陸するものと、西風の場合に裏參道たる瀬戸村へ上陸して山越をするものとの二道があつた。社傳口碑等によれば、本社は大寶年中に瀬戸の横殿から現社地へ移祭したるもので、本社の後方なる瀬戸山越の路傍にある所謂腰掛石は、その際越智大領

伊豫國の總社

越智直玉澄が腰を掛けたるものであるといふ傳説であるが、併しこれは裏參道を物語りたるもので、本宮は原始時代より現社地の鎮座であることは、一般古大社の社地移動説の多くは、信憑するに足らぬものがあるによりても知られる、瀬戸横殿の舊跡の如きも裏參道上陸地の小祠なることは、その地理と舊跡の狀態によりて更に疑がない。その腰掛石實は影向石に過ぎぬ。

猶伊豫國の總社は今治別宮大山積神社が兼總社で、又大三島本宮の境内にも總社が在つた。古來伊豫國總社は不明とされて居るが、總社川の古流は寶暦中まで別宮の西側を流れて居り、且つ本宮たる島宮に總社が存在せしが故に、其の里宮たる別宮の兼總社なることが肯定せられる。

第七　社殿順序

社殿順序は右上左下

大三島神社の社殿の位置は、西々北に向ひ、本社は中央に位し南に攝社上津姫社、北に攝社下津姫社がある。本社は正中本殿一社であつて、左右兩攝社は附屬の小祠なるが故に三社並立ではないが、併し之れによれば左方（向て右）が上位で右方が下位の如く觀らるゝも決して然らず。下津社は上津社の左方に列すべき順序なるを、本社の右方に第三位として列したるものなるが故に右上左下で、一般天孫人種系古大社の例と一致する。

兩攝社の祭神

上津姫、下津姫二社祭神の女神なるは上說の如くであるが、併し本來海神の后神なるや、豊

「國幣大社大山祇神社々殿配置圖」

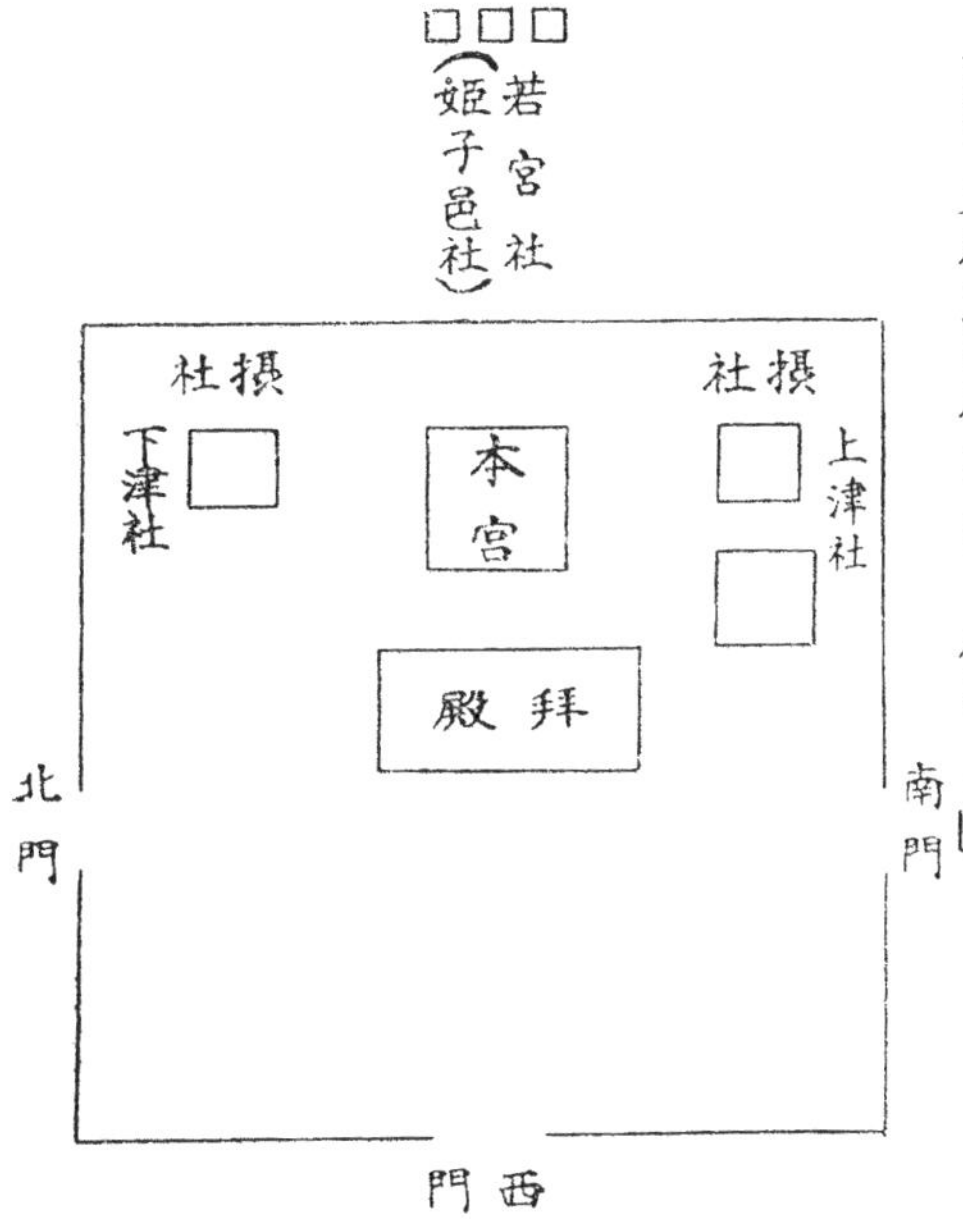

若宮社（姫子邑社）　攝社　上津社　本宮　拜殿　攝社　下津社　南門　北門　西門

玉姫、玉依姫なるや、又姫は倭人語韓語の日女（日の女神）即ち日神、又は稚日女たる火神なるやは疑問である。當神社と同神なる彼の伊豆三島神の本后阿波咩神は上津島（一に神津島）に鎮座されてある。然して攝社阿奈波社と阿波神は同語同神に相違あらざるが故に、上津姫社は本后阿波神であらう。神懸に因るも神性は女神である。かくては阿奈波社が二社ありて奇なる如きも、當社には各島に攝末社を祀り、又本宮境内にも祀られたるによりて、決して怪しむに足らぬ。下津姫社に就ては、伊豆三島の后神といふ伊古奈姫は、三島神と同神たる賀茂建角身の后神伊加古屋姫と類名であるから此の后神とも想像せられる。二妻はスメル人種理想の一夫一婦主義に叶はぬやうであるが、固より後世の思想なるが故に二后を妨げぬ。

併し此の后神伊古奈姫、后神伊加古屋姫、安房神たる海神太玉命の后神天比理乃咩命共に本來火神たる稚日女尊である（火神たる稚日女尊を單に日女と謂へる例は若狹比賣神、丹生都比咩神、伊豫豆比賣命等少くない）。それを姫に誤解して后神とするに至れる譯なるが故に、下津姫社は本來の后神でなく後の思想であらう。併しバビロニアに於て海神エア（Ea）の配偶神ダムキナ（Damkina）がある如く、阿波神を海神の本后といふは原始思想と思はるるが故に、本來當神社の后神は阿奈波神社たる上津姫社の一社なることが察知せられる。又若宮社を一に姫子邑社といふは、姫子島たる岡邑鎭座の姫子隖社と同神たるに因る。

第四節　小市國造越智宿禰

第一　越智族は日神氏

越智氏は國造本紀に、小市國造の祖乎致命と見え、續日本後紀に「承和二年十一月甲寅左京人正六位上越智直年足、伊豫國越智郡人正六位上越智直廣成等七人、改レ直賜二宿禰一」とある。

大日本地名辭書に、

和名抄越智郡乎知と訓し十郷に分つ。國府を置かれ、越智氏の本據とす。釋日本紀には乎知郡に作る。上古には小市國と稱したり。小市國は盖東伊豫を總稱し、中世に道前五郡を呼びたる者是なり。

と記す。越智の名義は、宇津、宇豆、内、宇治と同語、日神ウツ（Ut）の轉訛で日神の義である。ウチをヲチに變化したる例證は、崇神紀に「倭直祖、市磯長尾市」と同語、長尾市はナグウチの轉で、長狹、名草と同語、スメル語のナグウツ（Nagu Ut）で、日神鎭護地の義である。故にウチをヲチに轉訛したることが肯定せられる。坪井博士も史學雜誌太古の中國に、内、宇治の越智と同語なることを說かれた。併し越智をではずれ（邊境）の義といふは採らぬ。

バビロニア語は、後世までオ（O）の母音なく、ウ（U）と發音した。バビロニア語の希臘約となりて、ウは悉くオ又はワに變ぜられた。ウ音をオ音に轉訛する例は極めて普通である。それは日向のオビ（飫肥）郷は印度語のウビ（山芋）の轉で、八重山語に帶をウビイ、思ふをウーモン、起きてをウケッーテ、大をウーといひ、琉球語に諡をウクィナイ、頤をウトーゲー、怖をウヂーン、老をウイユンといひ、信濃國更科郡の姨捨山は、バビロン語であつて、シナは月神シン、サラシナは月神の信徒、ヲバステ山はウバン（峯）シユチ（南）の略轉で、ウバンをヲバに轉訛した。豐受比賣、宇賀魂はチアム語のウガー（穀物）の變で、それを豐遠賀比賣、遠賀魂と變稱した。古事記天岩戸の段の汙氣伏せては桶の原語である。ウシ（啞）をオシ、ウサユヅル（儲弦）をヲサユヅルの如きその一例である。然ればウチのヲチに轉訛は普通なることが察知せられる。

加之一般天孫人種系の多くは海神と日神火神を並祭して、日神又は火神名を稱ふる習慣であつた。卽ち海神ヤーの子は日神ウツであるから海神を祖神として祭る者は、祖神名を憚りて御子神たる日神名を以て呼ぶ次第である。吾田國主長狹族は、海神たる長屋神と日神たる長狹神を並祭して長狹の名を稱へ、伊勢宇治士公は、祖神といふ海神猿田彦神と日神たる宇治神を祀りて宇治氏を稱へ、宇佐國造宇佐津彦族も、八幡神と宇佐神を祭り、紀伊國造も名草又は宇治を名と爲し、日神を名草山に海神を竈山に並祭した。小市國造もその國を小市といひ、其の祖を乎致命（亦小千、遠土等に作る）、氏を越智直（宿禰）といひ、共に日神を以て呼稱し、海神たる大山積和多志大神と、日神たる大長宇津神を並祭し、之れを祖神と稱へた。安藝國造の裔野坂系圖に大山積神を祖神といふに同じく本來海神ヤーの轉訛神で、大ヤーの神を祖神といふ譯である。

又海神を祖神とし日神を御子神とするが故に、國名にも海神名を大名とし、日神名を小名とした。それは伊豫二名洲（ヤーの太魚）伊豫の小市國（郡）といひ、吾田（海神）國長屋の內山田、伊勢度會（海江海神）國宇治の如きその例である。然れば越智はウチ（內）の變化で日神ウツの轉なることは更に疑がない。

第二　假冒說

一　物部連同祖說

小市國造越智族の天孫人種系なることは、本章前後に述ぶる處によりて明白であるが、古代神祇の職稱を後出雲派語によりて物部卽ち靈部と稱せしが故に、遂に宇摩志麻治族の物部と混淆して、其の同祖を冒稱するに至つた。それは國造本紀に、

小市國造輕島豐明朝（應神）御世物部連同祖大新川命孫、子致命定賜國造（國史大系本舊事紀頭書に考云、子恐小誤、今按乎誤歟、致、官本寬本前本作レ到とある。越智河野系圖に其祖を小千命、遠土命に作る）。

とある。舊事紀天孫本紀に、

七世孫大新川命子、物部大小市連公小市直等祖。

とも、姓氏錄左京神別に「越智直石上同祖、石上朝臣神饒速日命之後也」と載せ、栗田寛の越智氏族考證を始め總て物部連同祖說に據りたるも、この傳說は後世の錯誤たるに過ぎぬ。物部の名義は其の章に述ぶる如く、物はツングース語の靈、部はチアム語の bet 雜人の義、或はセミチック・バビロニアンのベル(Bel)首君主神等の義、神武紀の紀國丹敷戸畔、名草戸畔、及荒河刀辨のトはツでノの義、べはベルの略である。然れば物部は靈の首長とも解せられるが、併し物部の場合は雜人の義である。

かく物部連は靈部で神部と同語なるが故に、斷じて舊說の如く武夫の義ではない。物部連は石上神宮の神部の職であつた。それを後世誤つて武器庫を主宰する武夫部に誤解したるは非常なる見當違ひである。併し神兵は神職たる靈部の管掌する所なるが故に、後に武夫を物部と稱する次第である。孝昭天皇の後裔物部首も石上神宮の神職であつた。バビロニア派たる紀伊國造の一族を物部連といひ、伊豆國造の祖天蕤桙命を物部連祖といひ、伊豫風早國造を物部連同祖といふが如き、共に宇摩志麻治命の系統にあらずして、靈部卽ち神部の義である。

上古權貴なる物部連は、祭政一致時代の常として政治は勿論、神部の頭領たりしこと、恰も中古に於ける中臣氏の場合に於けるが如くであつた。中古以後の神職が多くは中臣姓を冒稱せしが如く古代に於ける國造も一面靈部たりしが故に、物部を以て呼稱され、遂にマシ〳〵族（禁厭を掌る神職名）たる物部連同祖說を生ずるに至つた。小市國造は古來饒速日系統を祀りたる形跡が更になく、海神と日神を並祭せる日神氏である。國造の祖を大小市命、其の子を乎致命といふは、日神ウツの轉で日神の稱名である。それを舊事紀に物部連同祖として、大新川の子と爲す說の錯誤たることは多言を要しない。

二　孝靈天皇出自說

越智河野系圖は其の始祖小千命を以て、孝靈天皇の皇子伊豫皇子諱彥狹島命の御子小千御子となす。この說の無稽なることは既に粟田寛の「越智氏族考證」に次の如く述べてゐる。

豫章記に、越智の事を云ひて孝靈天皇の皇子伊豫皇子諱彦狭島命を伊豫國へ下し、南蠻西戎を治めしめ玉ふ。其座處を伊豫郡神崎荘といひ、今は靈宮と申し、親王宮と崇め奉る。卽當家の祖神也。此皇子和氣姫といふに娶ひて、三子を產玉ひしを恥て、小船三艘に載て放ちたりしが、其第三皇子の御船當國和氣郡三津浦に着給ふと云り。こは古の事を奇しく語り傳へたるものにて、みな信られぬ說ども也。越智姓の物部より出で神別なる事は、上に引る文にて明なるを、孝靈天皇の後なる皇別とし、伊豫國に由緣ある姓なるをもて伊豫皇子と云ふを僞造り、その伊豫皇子を孝靈紀の彦狭島命と混らし云るなど妄說なれば、其由を推し明めて信ひくべきにあらず。さて案ふにいはゆる第三皇子は、實は應神天皇の御世に、伊豫國なる不順の暴賊などありけるを、物部連の族にて、いと〳〵武勇のすぐれつるこの大小市公の子なる小致命を遣して平定せしめ玉ひしが、其功業ありしに由て卽國造に封ぜられしなるべし……

といへる如く皇別說は誤である。併し氏は越智姓を以て饒速日系統の物部連同祖說を信ぜられ、物部連を武職に解せられ、平定の功業により國造に封ぜられたるもの丶如く思考せられたるは誤である。越智氏は原始時代に於て伊豫に本據せるものであつて、斷じて上古功業によりて封ぜられたる者ではない。

孝靈帝出自說は、北條五代實記に「早雲三島參籠附靈夢之事、抑三島大明神と申は、元來は伊豫國に御鎭坐あり、人王第七孝靈天皇と申は、忝も彼御神の化身也」。又兼邦神道百首和歌、北山隨筆等にも見えて、平安朝末より鎌倉時代比に河野氏が門伐を重する必要ありて假冒せしは勿論であるが、其の孝靈天皇を冒稱せし根據に就ては、既に吉田東伍氏によりて說明せられて居る。それは大日本地名辭書に、

伊豫郡伊豫豆比子神社（按に伊豫神社）、今北伊與村大字神崎に在り、延喜式、伊豫郡伊豫豆比子命社是なり。愛媛面影云「豫章記に孝靈帝の皇子、諱彥狹島命、今親王宮と云、卽當家曩祖宗廟神也とあるによりて、此神は彥狹島命を祭れりと云說あれども信じがたし。今神崎に鎭座す」。按に豫章記云「伊豫皇子御座處を伊豫郡神崎庄と號し、今靈宮と申し、親王宮と崇奉す。卽當家曩祖の宗廟神也。件宮南方十八町の山腰に、皇子御陵あり、臣下多く死して隨へり、寶玉を陵とす。天子の御廟に似たり、仍て今岡王子と號す」。河野系圖云「伊豫皇子伊豫郡に宮作して住御す、神靈あり則靈宮大神是也。故に此所を神崎の鄉と名つく」云々。此伊豫皇子は國造本紀に「伊余國造、志賀高穴穗朝（成

務）御世、印幡國造同祖（神八井耳命後）敷桁彥命兒、速後上命定賜國造」とあるに據れば、速後上命を祭るなるべし。……播摩風土記には「神前郡冑岡者、伊與都比古神與宇知賀久牟豐富命相鬪之時冑墮此岡」など見ゆ、亦同神とす。而て播州にも豫州にも神前の地名を遺すは、偶然にあらじ。又宇知賀久牟豐富命は、播州の牛鹿氏の人にや、其家は孝靈帝の皇子「彥狹島命者、播磨牛鹿臣之祖也」とあるも偶然にはあらじ。後考を待つ。

と述べ既に眼識が徹ふてゐる。尤も伊豫神社を以て伊豫豆比子神社とするは下說の如く誤であるが、伊豫神社も亦伊豫豆比子命を祀る所である。姓氏錄に「右京皇別、宇自可臣、孝靈天皇皇子彥狹島命之後」と載せ、古事記には「孝靈天皇御子日子寤間命者、針間牛鹿臣之祖」と見え、日子寤間も彥狹島も同人である。播磨風土記の神前郡蔭山里冑岡は、和名抄、神崎郡蔭山鄕あり、今豐富村大字豐富に在る孤丘で甲太大神を祭る。宇知賀久牟豐富命の豐富は、古訓、止與保で村名に遺つて居る。併し今トヨトミと呼ぶは變化で、宇知賀といふも宇自可の轉訛である。然れは古代に於て播磨の神崎郡冑岡地方に住する宇自可氏の一族が、伊豫郡神崎に移住して故國の地名を移し、氏神たる彥狹島命を伊豫神社の地に祭り、又播磨に往來したるによりて、風土記に冑岡爭鬪の神話を記するに至りたるものである。

孝靈帝假冒は牛鹿氏の系圖に據る冒稱

之を要するに、越智河野系圖に、孝靈帝の皇子彦狹島命一名伊豫皇子、其の子小千命といふは、實は牛鹿氏の系圖に據りたる僞作であつて、彦狹島命の一名を伊豫皇子といふは伊豫豆比古神と混淆されたるものである。これによりて越智河野氏が皇別假冒の根源は徹底された。

明治神社誌料に、伊豫郡伊豫村神崎伊豫神社、祭神彦狹島命、根子彦太瓊命（孝靈）、皇后細姫命、愛日賣命、伊豫津彦命、伊豫津姫命、速後上命と載す。伊豫郡伊豫村の神崎は、古事記に「神八井耳命者伊余國造等之祖」とも、國造本紀に「伊余國造、成務朝、敷桁彦命（神八井耳命の後）兒速後上命定國造」とある伊豫國造の本居地で、現に伊豫神社に國造の祖速後上命を祭りたるは之れを證し、且つその他祭神に孝靈帝、皇后並に彦狹島命を祀るは牛鹿氏に關係を有つ譯である。

第三　祖神と祖先

一　大山積神祖神説

小市國造の祖を乎致命といひ、その父を大小市命といひ、國を小市といひ、氏を越智と稱へ、日神を以て名とし、國名とし、氏と爲す。かく國名、祖名、氏名の同稱なるものは、國造本紀、百三十餘の國造中、小市國造の外に同じく天孫人種たる宇佐國造等あるに過ぎぬ。バビロニアで日神ウツは海神ヤーの子である。我國に於ても天孫人種系の諸氏は殆海神を祖神とし、其の子日神火神を祖先として祭祀したるによりて、日神は海神の子といふ思想が正しく我が國に傳へられて居る。かくて越智國造は海神大山積和多志大神と、日神大長宇津神とを並祭して、大山積神を祖神と傳へて奉齋した。臥雲日件錄に、

文明二年二月十四日董一因話二伊豫川野之事一曰、三島明神權現裔也。伊豆三島自二伊與一勸請。云々又此神大通智勝佛之垂迹、而川野代々十六王子所レ化也。

と見え、三島明神の裔と記し、兼邦神道百首和歌には、

人王七代孝靈天皇の王子の末伊豫河野也。本地大通知勝佛也。依て河野一族通字をなのる也。云々伊豫の三島大明神は孝靈天皇也。

とも、北條五代實記に、

早雲三島參籠附靈夢之事、抑三島大明神ト申ハ、元來ハ伊豫國ニ御鎭座アリ。人王第七孝靈天皇ト申ハ、忝モ彼御神ノ化身也。本地ハ大通知勝佛ニテ御坐ス。是ニ依テ彼御神ノ氏人伊豫ノ河野ノ一門ハ、今テ至テ大通ノ通字ヲ名乘トカヤ。越智ノ姓是也。

これ等は孝靈天皇假冒說によりて、孝靈天皇は大山積神の化身と爲すに至りたるものであるが、併し大山積神を祖神といふは同一である。伊豫古蹟志に「宮浦邑有㆓家土㆒、曰㆓大山祇㆒……以爲㆓大祖廟㆒」とある。越智河野系圖は大山積三島大明神を祖神と稱へた。兵頭系譜に「兵頭者河野家而伊豫國大山積三島大明神之御流也」とも見ゆ。現に越智姓たる舊山城淀藩主稻葉子爵、三島子爵等も邸内に三島神社の社殿を設け、これを御先祖樣と稱へてゐる。日本百科大辭典に、

神道、管長は明治十七年八月子爵稻葉正邦を推選す。正邦時世に感じて專ら古道を興し、德教を扶植せんと欲し、只管神祇の事に意を注ぐ。六年三月十日伊豆三島神社の大宮司に任ぜらる。同社はもと稻葉氏の氏神大山積神を祀れるを以て自ら請ふところなりと云ふ。後其の然らざるを悟り辭して歸る。

と記す。伊豆三島神社は古來越智姓の祖神といふ伊豫三島神の分祀といひ、同神說のあるにより、隨つて稲葉子が奉仕を希望したのであつた。然るに伊豆三島神社は明治六年祭神大山積神を改めて事代主神と爲すにより其の意外なるに辭去したのである。之れ祖神として崇敬するが爲であつて、單に後世の氏神として崇拜するのとは心理が相違するからである。故東宮侍講三島毅博士は三島大祝家譜資料に序して曰く「我三島大祝家大山祇命神孫而上世爲國造大領、……後世專掌祖神祭祀至今。……抑余家雖出甲斐源氏、十五世祖諱勝利、實自三島氏來嗣、後世襲稱三島」と記し、三島大祝並に其の一族が大山積神を祖神といふのみならず、諸國に散在せる一般越智姓は殆ど擧つて祖神說を傳へた。日神氏たる越智氏族が海神たる大山積和多志神を原始時代に於て創祠し、後世まで祖神といひ傳へたるは、實に原始史を傳へたる正傳なることが知られる。安藝國造の裔といふ嚴島神社の棚守（大宮司）野坂氏も大山積神を祖神として系圖を起したるは、共に海神ヤーの轉訛神なるに因る。

大正十四年三月十六日大阪市一柳誠男、從者二人を伴ひ大三島神社へ參拜して余に告げて曰く、私は元來高知縣の出身なるが、年來不幸續出の爲め神道の修養をなし、數年來治

越智姓の日神の裔といふ神懸の神告は原始史と一致す

病の術を行ひ來りしが、昨大正十三年石切の瀧に於て小島キミなる人へ神懸ありて「汝は日神の裔なるぞ、廣大なる神德によりて生命を保ちつゝあるぞ、速に大山積三島大明神へ參詣せよ」と神告あり、豫て思考せざる神懸の不審に堪えず、僅に天下茶屋の千里眼の透視によりて、大山積三島大明神は伊豫越智郡大三島神社と知られ、且つ鄕里より取寄せたる記錄によりて、一柳は越智姓河野氏の一族なる由が判明したるも遲疑せしに、最近再三妻女に同じ神懸ありて「速に參詣せば疑問は解決せん」との神告によりて參詣せり。畢竟越智姓を日神の裔といひ、また大山積三島大明神は越智姓と如何なる關係ある御祭神にやと質問するのであつた。余は之に答へて越智姓は、皇室と同人種たるスメル系統の人種であつて、原始時代に於て海神たる大山積三島大明神を大三島に祭りて之を祖神と崇め、その御子日神たる宇津神を大長島に、其の御子火神たる御鉾神を邸宅に祀りて之れを祖先と稱へた。小市國造の祖小千命は本來日神の稱名である。神懸の神告に汝は日神の裔なるぞといふは、即ち日神は祖先なるが爲である。又速に大山積三島大明神に參詣せよといふは、三島大明神は日神の父神で越智姓の祖神なるが爲であると答へたるに、始めて了解せりと欣謝した。余はこの神秘的事實に恐懼せざるを得なかつた。それは越智姓は古來大山積三島大明神の神裔と稱するも、未だ嘗て日神の子孫と申したる徴證は更に見當らないからである（宇津神の日神たること、、祖先傳説は夙に忘失せられ、又小千命を祖先といふも日神の稱名たる由は夙に忘却されてゐる）。然るに神懸の神告は余の原始史研究と徹頭徹尾一致せることを發見し、神靈感應の偉力さこそと思つた。

豫章記や八幡愚童訓等に三島明神を河野の氏神と見え、大日本地名辭書に、

大山積神社、豫州一宮三島大明神と稱し古より其名世に顯著なり。……州内諸處に此神を勸請し崇敬尤深し。越智河野氏族の氏神と爲せし者なればなり。……臥雲日件錄文明二年董一因話㆓伊豫川野之事㆒曰、三島明神權現裔也。……而て兼邦神道百首和歌に、三島明神は卽孝靈天皇を祭る者、河野十八流は天皇の末」と推斷す。亦一種の異見也。然れども氏神と氏人と往々族類を異にする事あり、河野越智氏の出自と三島の大山積は必しも血肉の關係ありと爲すべからず。

また重田定一の說に、

> 越智河野は、實は饒速日命より出でたり。故に物部連なり。神別の家なり。そは栗田博士が越智氏族考證によりて明かなり。……されば越智河野族は、天神饒速日命の神裔にして神別、物部連の家なり。地祇なる大山祇神を祖神なりとは云ふべからず。然るにその大山祇神を尊敬せしは何故ぞといふに、盖族人の伊豫に土着せし以前に、勢力ある大社なりしにより、產土神として奉仕せしに過ぎざるべし。安藝の佐伯氏が、嚴島神を尊敬して、その氏神といひしも亦一般なりとす（尙古雜誌四の七）。

と說いた。併しこれ等の說は大山積神社を以て山神大山積神と思惟し、越智氏を饒速日系統の物部連同祖と考へたる新神話や、後世の誤傳說によりたるもので、原始神話や原始時代の史實より見れば殆言ふに足らざる謬見である。その安藝佐伯族が嚴島神を氏神といふは、之れ亦祖神の義であつて斷じて後世の氏神の義ではない（其章參照）。越智族は原始時代に於て日神稱名たる小市國に本居して海神と日神火神等を並祭したるによりて、四國の總名を伊豫の二名卽ちヤーの太魚と稱するに至れる所以を推察する時は、その本源の悠遠なる知るべきである。大山祇神社の三島大祝は古來擬神體半大明神と稱へ生神と申した。バビロニアに於て祭政の主權者は神名を唱へて生神であつた。これは殆亞細亞人種一般の信仰であるが、これ亦全く原始時代の思想を傳へたるものである。猶舊說に山祇族なるものありといふ說あるが、か丶る種族の決して存在せざることは既に吾田國章に述べた。

二　御鉾神祖先說

越智氏族は古來その本居地に大山積三島大明神を祖神として奉齋するのみならず、またそれと合祀或は別に屋敷の內外に御鉾神を祖先と稱へて祭祀した。豫陽盛衰記に、

益男（和銅比の人といふ）ハ周敷郡ノ館ヲ補理、玉輿ノ宇摩郡三島勸請ニ准ヘテ御矛ノ宮ヲ館ノ外に造營シテ三島へ月々ノ參籠ヲ略シテ乍居周敷ノ社ニテ祭祀ヲ勤ラル（巻六）末ノ世ニ當國所々ニ三島ヲ勸請アルハ嫡家ノ館毎ニ御ホコノ宮アリシヲ云フノヨシ聞ケリ（巻五）。

と記し、今、愛媛縣下の三島神社を土俗一にヲホコ社と稱へたるが少なくない。三島大祝が國造時代否原始時代より天正中まで本居したる越智郡日高村別名の御鉾社は、國造祖先の鎭祭する所であつて、大山祇神社文書に、

奉寄進畠地事、合壹段、在高橋別名字寺谷内者、

右件畠地仍有志三島大山積大明神御鉾御敷地、爲二現世安穏後生善處一也。但寺谷限レ峯永代所レ奉二寄進一也……

嘉慶三年三月十六日　　僧興仙 書判

とある、その高橋別名字寺谷内といひ、御鉾敷地寺谷限峯とある寺谷は、今別名御鉾社のある御鉾山の北方隣地で、大祝所祭御鉾社なることが確實である（此の社は明治四十二年頃隣地小泉の三島神社へ合祀せられた）。又

奉寄進三島社御鉾太明神田畠地事

合參段小者、在小千立花郷内垣本里廿坪寄西。

右志之趣者……

康應元年十一月十五日　　沙彌覺道 書判

此文書の神社は大祝の一族で大祝の補缺家たる立花村鳥生住大祝の所祭である。天正中に至り高橋郷別名の本家大祝安任は、此の別家の女と家を合して鳥生に移住した（此の御鉾社も明治四十二年頃同村三島神社、俗に一名祇園社境内に移された）。これ等の文書に三島大山積大明神御鉾、三島社御鉾大明神といふは一社二名稱である。それは今も土俗三島社とも一にヲホコ社ともいふに因りて知られ、必ず三島明神と御ホコ神とを合祀されたるに相違ない（これ等の文書は本來三島大祝文書なりしを、明治九年誤て大山祇神社へ引繼ぎたるものである）。

御鉾神と三島大山積神と別神なることは、三島大祝一族が正德三年二月の祈請文に、

……右於相背、日本國大小之神祇、殊三島大明神、天滿天神、當家守護神御鉾大明神之蒙冥罰、可相果候。爲後日神文如件。


とあるに因りても知られる。

三島大祝は鳥生邑より延寶三年大三島へ移住するに至りて、同五年松山藩の許可を得て門前大山祇神社境内へ御鉾社を祭祀した。今境内末社御鉾社は卽ちそれである。大山祇神社境内には足利初期の境内古圖によるも、御鉾社の形跡が更に存在しない。併し三島宮社記に「御矛神

社一座、越智郡之内、臺之里十合之奥鎮座于御矛山也」とあるは、宮浦村大字臺の御矛天神であるが、固より右の文書とは關與しない。大祝が御鉾神を祀るのみならず、次官の越智姓五家も各邸内に之れを祖先と稱して祭祀した。現に越智片山大夫の御鉾社は、岡山村大字野々江字小林谷の同氏宅地後方の小丘に祀られてある。

御鉾神の名義

然らば御鉾神は如何なる神性なるかといふに、御鉾は本來ミホコと訓む。今土俗オホコと呼ぶは訛であつて、神代紀に「出雲國三穗之碕」、美保神社、御穗須々美神のミホと同語、チアム語の御火である。コはヒコ（日の男神）、ヒルゴ（蛭子神、日の男神）に同じく男性を意味する語、又は卑彌呼、卑彌弓呼と同語ククの略轉で神の尊敬語である。伊豆國造の天蕤桙命、安曇連の祖穗己都久命、一名穗高見命、穗高嶽、高千穗山の一名矛峯、津守連の祀る鉾神等に同じく火神の義である。俗に男の幼兒をオボコといふは、火神は日神の子といふ思想から出た言葉であつて、全く御鉾神と同語であらう。一に御鉾天神といふは、火神は日神の子といふ思想に因る。兎にかく本來火神アグ（Ak）神をチアム系古國語で申した語である。

安曇連の系統

伊豆國造の系統

安藝國造の系統

安曇連も綿津見神（海神）の子宇都志日金拆命（日神）、其の子穗己都久命、一名穗高見命（火神）である。伊豆國造も大山積神（海神ヤー、三島神社）——〇〇——天蕤桙命（火神）である。安藝國造も大山積神（海神ヤー）——市杵島姫神（日の女神）——飽速

津守連の系統
珍彦族の系統
皇室の御系統
小市國造の系統

玉命（火神）を祀り、火明族津守連も大海神社を祖神といひ、姫神宮（日神）、桙社（火神）が祀られてある。大和國造珍彦族たる若狹の和氏は海神と火火出見命（若狹彦神社、若狹比賣神社）を祖先と稱へ、明石國造珍彦族は海神と明石神（火神アグの轉）を祀り、皇室に於ても山田神たる大和大神（海神ヤー）——內神たる天照大神（日神）——火火出見尊（鹿兒神、卽ち火神アグの神）である。然れば小市國造越智族が大山積和多志大神（海神）を祖神といひ、御鉾神（火神）を祖先といふは、原始時代の古傳説を傳へたる實に驚くべき事實に相違ない。

その系統は左の如くである。

越智氏系統

大山積和多志大神（海神ヤー）——大長宇津神（日神ウツ）——御鉾神（火神アグ）——
大小市命（日神ウツの稱名）——小千命（日神稱名）……

併しその宇津神の日神たることゝ、祖先なることは早く忘失された。祖名に小千命といひ日神名を唱ふるは、大和國造の祖を珍彦又は長尾市といひ、宇佐國造の祖を宇佐津彦、紀伊國造の祖を大名草彦、又は宇治彦なといふと同例である。

火神たる御鉾神を武器に誤解するは普通

要するに御鉾神の火神なることは明である。然るに後世武器の鉾に誤解せるは殆普通であつて、大山祇神社に於ても內陣の金象眼入古代鉾と混淆するに至つた。三島宮御鎮座本緣に、

> 十四代足仲彦天皇御宇異國ヨリ塵輪云者、長門國豊浦郡マデ押渡責二吾朝一依二小千三 勅命一向レ之。……大山積皇大神戴二御體一、御鉾神前ニ押立、至二安藝霧島濱ノ宮一。傳曰、小千命ヨリ代々瓊矛神ヲ祝祭、道路ノ前ニ立玉、依以見前神ト申。是大山積皇大神前靈。

とある固より附會に過ぎないが、其の前靈といふ古代鉾は內陣に現存し、同書に「內陣御鎮具、天逆鉾一振」と見ゆるものである。又見前神は大山祇神社末社に見前神社ありて猿田彦神を祀られた。桙は先驅の武器として猿田彦神に宛嵌めたるものであるが、併しそれは伊勢國章に述べたる如く、新神話時代に於てチアム系古語の先驅先導を現すサダルといふ語と、バビロン語のサル sar（王）にダの助辭を添加すればサルダ卽ち神の王の義とを混淆したる誤解に原因するが故に採るに足らぬ。原始神話に於ては猿田彦神は海神で神の王なるが故に先驅の神でなく日神の父神である。御鎮座本緣の說は古代鉾に就て神祕的に作爲したるに過ぎぬ。

此の內陣の古代鉾は御靈代に自ら從ふもので、神靈として祀られたるものではない。それは德

樹下大明神

伊豫國府

川時代に松山藩主が社參の際には、この古代鉾を内陣より持出して拜戴せしむる例なるに因るも知られる。本來神社に鉾を奉ることは崇神紀に、楯鉾を黒阪神に奉られたる如く、武器として内陣護衛を意味するものなるが故に、斷じて越智河野族が祖先として祀る御鉾神に關係を有たぬ（國懸神の段參照）。

第四　小市國造の舊趾

古代神裁政治の時代に於て大三島大山祇神社の創祠に深き緣故を有する小市國造の舊趾は、越智郡日高村大字別名字堀の内がそれである。此の堀の内（現今田參千拾八坪）は、三島大祝が古代より天正中まで居住したる邸地の舊趾であつて、其の近傍には諸種の古跡が少くない。西方御鉾山には明治四十二年まで御鉾社が祀られてあつた。就中南方には樹下大明神といふ大樟樹が存在して居る。上古齋庭の遺蹟として面白いものである。殊に北方大字馬越の鯨山は前方後圓の徑六十餘間もある小市國造の仁德帝時代比の古墳といはれてゐる。

大日本地名辭書に、國分城を以て府中城址とし「越智氏の故墟にして蓋小市國造越智直以降の舊跡なり」とあるは、古國分の鄉濱を以て國府の名とする誤解から來た謬見に過ぎぬ。伊豫國府は孝德天皇の朝、國造廢止の後、越智郡へ置れたのであるが、古來その舊跡に就て愛媛面影に國分城を國府城とし、日本百科大辞典も古國分を古國府と爲すも共に憑るに足らぬ。國府の趾は立花村大字郷である。國府はコフと呼ぶ例でコクフとは稱せない。東鑑元久二年の段、伊豫國御家人に別宮大夫長員、三島大祝高橋四郎安時、彌熊三郎頼重、寺町五郎大夫信忠等と連名に、江四郎大夫安住、江一郎大夫信任とある。これ等の苗字は共に惣社川近傍の地名なるが故に、江もこの邊の地名たるに疑ひがない。故に立花村大字郷は、江の訛であると共に江卽ち國府である。

余は嘗て之れを踏査せしに、豫想の如く郷村のみは、他村に比類なく里道の條理整然として宛ながら中古に於ける都市の面影が偲ばれた。郷の隣地清水村大字八町に延喜式内の樟本神社がある。この神社は小市國造の遺跡に於ける樹下大明神に同じく齋庭の靈室木たる古風である。この邊にはフゴ（府庫か）學が内、代官地、田所前屋敷（地寄帳による）等の地名がある。郷の北、鳥生村に國府神社がある。卽ち國府八幡であらう。本來府中の稱は三島文書、大永三年河野通直の書狀に「府中邊正岡紀伊守不慮外企……」とあるを、豫陽河野家譜に、正岡紀伊守は府中鷹取山城主と記し、鷹取山は清水村の東南に當る。徳川時代に於ても西部越智郡を府中と總稱したのであるが、東部の國分方面を府中と呼んだ例がない。故に伊豫國府は國造の舊趾を隔つる僅々十町内外の東方に在る譯であつて、その國分城は斷じて小市國造に關與し

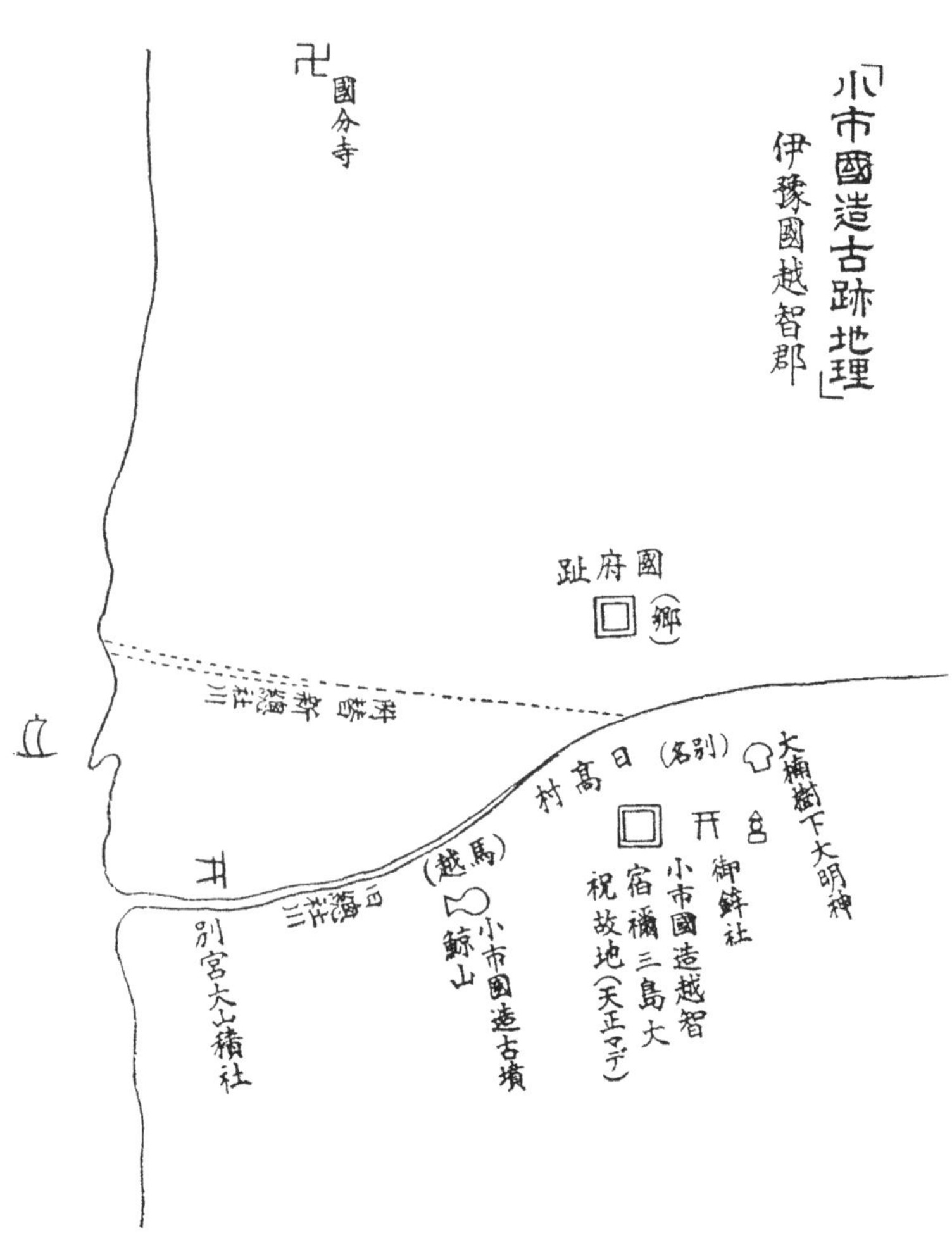
「小市國造古跡地理」
伊豫國越智郡
國分寺
國府趾
(郷)
日高村
(別名)
大楠樹下大明神
御鉾社
小市國造越智宿禰三島大祝故地(天正マデ)
(越馬)
鯨山
小市國造古墳
別宮大山積社

ない。従つて古國分は舊國分寺趾たるに過ぎぬ。

第五節　紋章

海神たる大三島神社と、日神氏たる越智河野の紋は、實に原始時代のそれを傳へたるものがある。先づ其の傳説を見るに、豫章記に、

抑當家幕紋事、先祖三並夷國退治ノタメニ日本ヨリ大將ニテ被渡ケル時三番目タリシ、其時幕ノ紋一粼（スハマ）也。伊與皇子御下向之時ノ例也。異國ニテ似タル紋共有テ紛ケレバ、河野殿ノ船ニハ折敷ヲ角違挿船ノ先ニ被立ケルニ、其影白々ト海水ニ移リタルニ三文字見エタリ。奇異ノ想ヲナス處ニ其船ヨリ日本軍得利早歸朝有シ故ニ幕ノ紋ニモ用之。其ノ三文字波ニ移リタル體ニテ縮三文字也。折敷モ只四方ナル折シキ也。……其後頼朝卿天下ヲ打靜給ヒ、鎌倉由井ノ濱ニテ大酒宴有ケルニ、諸侍坐ノ位定テ諍可被申、然者先初ヲハ御定可レ有トテ、頼朝小折敷ヲ御取寄有、坐牌ヲ定メ給フ、先一文字ヲ被遊我前被置、北條殿ノ前ニハ二文字、河野殿ノ前ニハ三文字ヲ被書被置ケレバ、兎角云人モナカリケリ。

と記し、最初一鄒の紋を用ひたとあるは、大三島の形に因りたる俗說で固より信ずるに足らされども、併し本來は稜折敷で、次に稜折敷縮三文字を用ひたといふ傳說である。其の三並異國退治といひ、伊豫皇子といふ類は附會に過ぎぬ。又折敷に三文字の紋を河野通信が源頼朝の饗膳に三番なりしに因るといふは、恰も島津の紋の十字又は丸に十字を、西藩野史に頼朝が泰衡を征するの日、食に就くとき箸を取りて十字の形とし、これを紋章とせしむとあると同巧異曲で固より俗說たるに過ぎぬ。猶與陽盛衰記五に、これを附會して次の如く述べた。

側折敷ニ三文字ヲ世間ニ語リ傳ヘテ謬レル說多シ。本ハ三鄒ニテ蓬來、方丈、瀛州ノ三ツノ島ノ形ナリ。三並、熊襲退治ノ時、三鄒ハ影計ノ紋ニテ士卒見分ケガタシ。私ニ亦替ルコトモ仕ガタク案シ煩フテ有ケルガ、夢中ニ告有テ汝ガ名ヲカヘリミルベシ。四方四隅ニ三德ヲ並タルハ我ガ神德ナリ、是ヲ以テ家ノ符綬トスト有リケレバ、其ヨリ八角ノ内ニ三文字ヲ書シ也。スミ切リニテハナキヲ自然トモヤウニ仕タレドモ實ハ切タル角ハ震兌離坎ノ四方也。長ク引タルハ乾坤艮巽四維ト成ル是レ隅ナリ、土ハ方也。國ノ形四方四隅ヲカコミ、其中ニ仕スル者ハ、天地人ノ三才智仁勇ノ三德ニテ大山積ノ全體也。其心ヲ鎔ル紋也。縮タルハ核子無分別ヨリ次第ニ增長スル精ヲ含メル者也。延ントスル勢也。此ヨリ後、旗ノ

越智氏の紋菱は楔形文字の日神ウト

紋海潮ニ浮ミ漣ニ三文字チヂミ又通信カマクラニテ饗膳ノ列三番目ニ相當ルコトハ時ニ取テ此理ニ合シ也。但シ昔ハ嫡家ノ外ハ縮三文字ヲ付ルコトヲ恐レタル也。三文字計☰如此ハ嫡家ノ分レノ外ハ用捨セシ常ノ三ノ字ナリ。其余ノ一族ハ思々ノ紋ヲ付シ也。

といひ、一鱗を三鱗とし、三島を蓬萊、方丈、瀛州の三島の名とし、或は三島明神の三徳と爲し、角切八角を易の掛に古事附くるなど採るに足らぬ。鎌倉饗膳三番目説を否定するは可なるも、縮三文字の海波説を抹殺するは穩當でない。明治神社誌料に、

> 播磨國明石郡明石町郷社稲爪神社（祭神面足大神、大山祇大神、惶根大神）、越智益躬此地に到りて異賊を鏖し平定し、此に三島明神を祭る。**當社の社紋は角切菱に三の字を書くと、菱は越智氏の紋章なり。**

と見え、之れを要するに菱即ち稜折敷が越智の紋で、角切菱三文字即ち角切折敷三文字が大三島神社の紋である。菱は本來楔形文字の日神ウツで、越智の紋は日神紋であらう。縮三文字は楔形文字の月字シン∧∧に酷似する。若し然らば日月の紋であるが、併し之れは三島に因るも

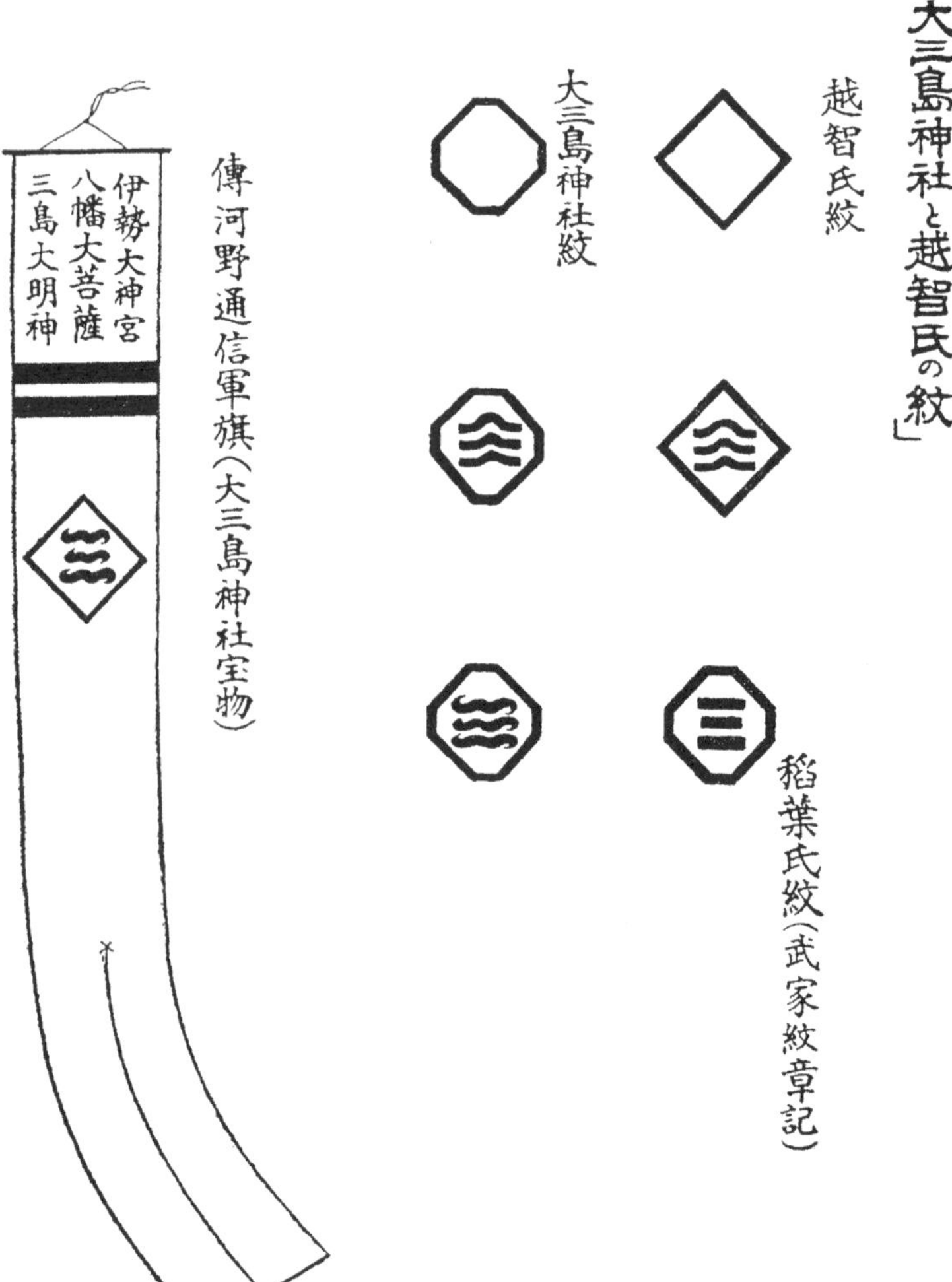
「大三島神社と越智氏の紋」
越智氏紋
大三島神社紋
稲葉氏紋（武家紋章記）
傳河野通信軍旗（大三島神社宝物）
伊勢大神宮
八幡大菩薩
三島大明神

大三島神社の紋本來角切菱にて龜甲紋

久米國造

ので、縮三文字の一種である。菱を稜折敷として種々附會するは迷妄である。

又大三島神社の紋は角切折敷三紋字で、其の由來は不明であるが、併し越智の紋が本來菱なるが如く、これ亦單に角切菱であつて、それが中世に至り鎮座の野々島を變稱して三島といひ、三島明神と稱ふるに因りて、三文字を加へたるものであらう。この角切菱は、本來龜甲紋であつて、バビロニアの海神の紋である。果して然らば大山積和多志大神の海神たると符節を合するが如くである。

かくて越智の紋も菱三文字に變化し、更に祖神の紋たる角切折敷三文字を用ひるに至つた。日バ紋様に就ては菊花文章の段に述べたる如くである。越智氏は天孫人種系氏族たるが故に、原始時代の紋様を傳へたる疑がある。單に暗合とは思はれぬ。

第六節　伊豫二名稱號の起因

原始時代に四國に於ける天孫人種系氏族には、伊豫國に小市國造の祖先が本居し、稍ゝ後世に及びて風早國造の祖先、安藝國造の一族たる怒間國造、久米國造の如きあり、阿波讃岐には忌部の一族が居る。國造本紀に「久味國造、輕島豐明朝（應神）神魂尊十三世孫、伊與主命定賜國造」と載せ、清寧紀に「播磨國司山部連先祖、伊與來目部小楯」とあるは、伊與主の

天山

裔と知られる。久米はスメル語の武具の義で、大久米命は武將の號である。國造本紀に、久味とあるは轉訛である。和名抄に、久米郡天山郷が見え、天山は今石井村に在る。釋紀に引く伊豫國風土記に、

> 伊豫郡、自二郡家一以東北在二天山一、所レ名二天山一由者、倭在二天加具山一、自レ天降時、二分而片端者、天二降於倭國一、以片端者、天二降於此土一、因謂二天山一本也。其御影敬禮奉二久米寺一。

と記し、こゝに伊豫郡とあるは、國郡制置の初に久米國を伊豫國に合併して伊豫郡と稱せられたるものであらう。

天山の祭神

天山天降の說話を傳へたる久米族は、大久米命の一族で、夙に大和國より伊豫國へ移住せしが故に、天香山二分傳說を傳ふるに至つた。從つて天山の神靈は原始時代の祭祀にあらざるが故に天神アヌではなくして、必ず片端といふ大和の天香山に火神カグの神が祀られたる如く、これ亦火神であらう。

天山のある今溫泉郡（舊久米郡）石井村大字居相、伊豫豆比古命神社（延喜式伊豫郡伊豫豆

伊豫豆比古命神社の祭神は本來日神と火神

伊豫豆比古命神社は國號に關係せず

伊余國造

日子神社小であつて、延喜時代は伊豫郡に屬した）、祭神は伊豫豆比子命、伊豫豆比賣命、國造の祖伊豫主等である。伊豫豆比子命、伊豫豆比賣命は倭人語並に其の系統の韓語の比子は日子即ち日の男神、比賣は日女即ち日の女神の義で日神の稱である。併し同神を二座並祀する理由なきが故に、其の一座は必ず稚日女尊たる火神である。稚日女尊を單に日女といひたる例は、丹生都比咩命、若狹比賣命の類である。故に當神社は本來日神火神の並祀なることが肯定せられる。彼の宇和津彥命、風早國津彥神、吉備津彥命も共に本來日神の稱である。風土記に、天山の靈を久米寺に奉ずとあるは、現に天山を踏査するに、古墳が壘々たるに因りて、國造の祖靈を寺に祀りたることが知られる。然ればこの伊豫豆比古命神社は伊豫二名國號に何等關係する所はない。

又伊余國造の本居たる伊豫郡伊豫村神崎の伊豫神社（延喜式伊豫郡伊豫神社名神大）は、祭神伊豫津彥命、伊豫津姫命、國造の祖速後上命（神八井耳命の裔）、宇自可氏の祖彥狹島命等である。當神社は播磨風土記に、

神前郡冑岡者、伊與都比古神與宇知賀久牟豐富命相鬪之時冑墮此岡。

伊豫神社伊豫豆比古命神社の二社共に本來同神同社號

と載せ、宇自可の一族が伊豫へ移住し、神前地名を踏襲して之にも神崎といひ、其の祖を合祀し、殊に此の伊豫神社を伊與都比古神と記して今の祭神と符合する。故に伊豫神社は一名伊與都比古神社なることが察知せられる。かくて舊久米郡石井村伊豫豆比古命神社は、續日本紀「天平神護二年久米郡伊豫神社」と載せ、國造の祖をも伊與主と稱へ、之れ亦伊豫豆比古神社で一名伊豫神社なるが故に、兩社共に祭神社名の同一なることが肯定せられる（然るに大日本地名辭書に、伊豫神社を式の伊豫豆日子神社小とし、伊豫豆比古神社を式の伊豫神社と爲すは迷妄である）。勿論祭政一致時代の習慣として神祭は分離すべからざるが故に、伊豫國造の初代が日神火神を祀りたるに相違ない。當時皇別は日神火神並祀の習慣にも合致する譯である。

伊余國造は神八井耳命の裔たる速後上が、朝命を奉じて國造中最も早く成務の朝國造に定められた。怒間國造は神功の朝に、小市、風早、久米國造は共に應神の朝とある。伊豫は原住豪族によりて割據せれたるが故に、其の一部地方たる後の伊豫郡の國造として支配せるは勿論であるが、本來伊豫といふ地方の小名ありたるにあらずして、最初の國造として總名たる伊豫を以て國（郡）號としたるものである。

それは恰も周防國號の起りは、諏訪、周布と同語、スメル語のズアブ Zuabu（深淵より來れる海の義）で、海神が祀られたるに原因する。和名抄、大島郡屋代郷に古事記の大島の一名大

伊豫神社伊豫村は後世の襲名であつて國號に關係せず

多麻流別たる大玉根神が鎭座し、此の多麻（玉）卽ち海神タマトなるズアブの神が國號起因である。然るに周防國造（後出雲派天津彦根の後）の居地を周防村（熊毛郡）といふは、單に國造の本居なるに因りて國號を踏襲したるに過ぎぬ。

また安藝國安藝郡安藝鄕（府中）は、安藝國造に關係なくして、中古國府を置かれしより郡村名となりたるものである。安藝國造は佐伯郡平良村がその本居で、國造の祖神飽速玉神（アキは火神アクの轉）に原因する。猶薩摩國阿多郡阿多村は古名の吾田國名と何等關係する所なく、中古に於ける郡衙所在地たりしによる襲名で、吾田國名は長屋津を本源とする大名であつた。

かく地名は行政其の他の事情によりて異動襲名が常でなく、必ずしも國名と郡村名と關與せざることが肯定せらるるのである。然れば伊豫國造と伊豫郡伊豫村はこれと同例であつて、本來伊豫神社や伊豫村といふ小名ありて總名たる國號となりたるにあらずして、總名を採つて最初の國造の支配する國（郡）號や神社名としたるに外ならぬ。故に伊豫郡伊豫村といひ、伊豫神社といふも、伊豫二名の稱號には斷じて關係しない。

然るに日本紀纂疏に、

伊豫二名稱號の起因は大三島神社

伊豫豆比古、伊豫豆日賣二神、降二居此洲一、爲二之鎭護一。故名曰二二名浦神一、祠見在二彼國一。と記し、伊豫二名稱號の起因を以てこの伊豫豆比古、日賣二神にありと爲すは、固より日子日女を男女の稱に誤解して、之れを附會臆測せるものなるが故に謂ふに足らぬ。其の他怒間國造は安藝國造の一族で、ヌマのヌはヌヌ（Nunu）魚の義で海神を意味し、マは助辭、風早國造と共に國號には何等關係を有つべくもない。阿波讃岐の忌部族は伊豫の名に由緣なきは明である。

原始時代に於ける一般天孫人種系を觀るに、吾田（海神）國の長狹（日神）族、度會、（海神）國の宇治（日神）土公族、紀伊名草（日神）の宇治族、宇佐（日神）國宇佐族の如く、海神又は日神の地に日神氏を唱へ、海神と日神を祭るは普通である。四國に於て海神國の日神の地に、日神氏が海神と日神を並祭して、伊豫二名卽ちヤーの太魚洲の大名ともなりたる原始豪族と神社は、小市國造と大三島大山積和多志大神を除いて他に存在しない。伊豫は海神ヤーの國で、越智は日神の地、越智氏族は日神氏で、原始語を以て日神を宇津神といひ、鎭祭地を大長卽ちナグと唱へ、海神を祀る三島の古名を野々の島――奴々の島といひ、祭神を大山積和多志大神卽ち海神ヤーの和多志大神といひ、その攝社を阿奈波社といふが如き、總てバビロニア語系統なるに因るも、斷じて新神話時代の鎭座でも祭神でもなく、必ず原始時代の鎭祭なることが顯然としてゐる。殊に小市國造の如き原始神を二社並祀は、原始時代の氏族に屬し、怒間、伊豫、久米國造等の如き一社を祀るもの及び風早國造の如き二社並祀するも古代に屬する祭神は上古の氏族である。

萬葉集に、淡路島と共に伊豫と明石の門を詠みたるは、四國を伊豫といへる證で、此の大名の本源は勿論伊豫國に在る。九州を筑紫洲といふは筑前國筑紫郡筑紫村筑紫神社に、本洲を秋津洲といふは大和國葛城郡室の秋津神に起因する如く、伊豫二名洲の稱號は伊豫國越智郡大ヤーの和多志大神たる大山積神社に起ることが肯定せられる。與陽盛衰記一に、

三島明神、伊豫ノ國ニ鎭御座テ國號ヲ伊豫ト云ハ、**三島ノ別號ヲ彌ト云ナリ。是ヲ取テ國ノ名トス**。後ニ伊豫ト改ム。

といへるは俗説ながら實に偶然その根柢に觸れたといふべきである。日本紀纂疏に、伊豫都比古、日賣の二神が此の洲に天降りて鎭座す。故に二名浦神と云ふとあるは固より無稽であるが、實は大山積和多志大神と大長宇津神に恰當する譯である。

日吉神社

山末神社

姫坂神社

第七節　愛媛稱號は本來日神名

古事記に伊豫國を愛比賣といふと載す。愛比賣と舊說に兄姫の義に解するは後世の思想であつて、本來ヒメはモン・クメール語並に韓語の日女卽ち日の女神である。エ（愛）は日叡山のエと同語、エシ（吉）の義で、エシをヨシともいふ。日叡神社を日吉神社ともいふはそれである。日吉神社は大山咋神ばかりでなく本來日神祭祀の名稱である。それは豐受大神宮攝社山末神社の祭神を神名祕書、神祇本源等に大山津姫命とあるは、大山咋神と日神との混稱なるに因るも察知せられる。

越智郡日吉村縣社姫坂神社は延喜式内社で、ヒメは日の女神、坂は八坂神社、大坂神と同語、ツングース語のサカSaka（淸）で神地の義、故に日神祭祀なることが首肯せられる。社傳に祭神市杵島姫神とあるは、日女（日神）を姫に誤解して市杵島姫、宗像三女神、豐玉姫、神功皇后などいふ殆一般の迷誤に因るものである。

姫坂神社は其の言語よりすれば出雲系統に因りて祭られたる疑があるが、併しヤーの神の本宮島宮たる大三島神社の里宮に今治別宮大山積神社ある如く、島宮たる大長島宇津神社の里宮として此の地に祀り、倭人語を以て唱へたるやうである。それが海神ヤーの神を大山積神に訛

櫻井
綱敷天滿宮
榮井津長井

り、宇津神社も其の信仰衰へて日神たる由を忘失せられ、従つて當社も倭人語韓語を以て稱へられても、遂に祭神を逸するに至りたる譯であらう。それは日神ウツを土語の古國語を以てビメ、ヒルメといふ例は、鹿兒島神宮の大比留女、八幡宇佐宮の第二殿比賣神社、攝津堺の住吉神社第四殿姫神社の類、共に日神なるが故に、宇津神を祀りて姫坂神社といふも決して怪しむに足らぬ。

序でながら攝津堺（市）は清井で、諸國の地名櫻井と同語、伊豫國越智郡櫻井町の縣社綱敷天滿宮は、延喜式祝詞の榮井、津長井と同名で、敷は韓語のスキで村の義、豐前國築上郡椎田町郷社綱敷神社も同語で、各〻井水の神を祭りたる神社である。然るは二社共に其社傳に菅原道實を請じて、假りに艫綱を敷きて其上に席を設けて座せしむるによりて綱敷といひ、祭神を菅公と爲すは迷妄である。

要するに愛比賣は日神たる日女を媛に誤解し、愛は善（吉）と同語でヨキ媛といはん爲に愛媛といひたるものなるが故に後世の名稱であるが、併し本來日女の地を媛に誤解したる譯であるから日神の國の義である。とにかく太古の地名人名は、殆祭神名に起因する例であり、伊豫國

愛媛は本來日神名であつて小市國の稱號

を愛比賣といふは、海神と日神との祭祀に因る次第なるが故に、其の本源は必ず日神たる宇津神の名に負ふ小市國卽ち日神國に原因するに相違ない。蓋しヤーの太魚の洲の本國は伊豫國である。ヤーの神の原所は日神の地たる小市國卽ち越智郡である。伊豫國を愛比賣といふは、卽ちヤーの神の國は日神の國であるとの義である。故に姫坂神社創祠者の假りに出雲系統とするも敢て妨げぬ。若しウツの神を土語國語に變稱せしにあらざるならば、愛比賣稱號は姫坂神社に關係を有たぬ次第である。

第八節　疑問の氷解

余は日本原始史の研究上、手近の奉仕大山祇神社並その創祠者たる越智氏族を研究すること多年であつた。然して其の疑問とする主要の點は、大山積神は山神なるべき筈なるに一名和多志大神といひ、而も藝豫海峽の大三島の海邊に海神として崇拜せらる、之れ疑問の一であつた。大山積神の子孫は記紀姓氏錄等に見えざるに、小市國造並に安藝國造の裔は大山積神を祖神と稱す、これ疑問の二であつた。越智河野氏族は大山積和多志大神を祖神とし、御鉾神と小千命を祖先といひ、伊豆國造も大山積神を三島神社に祀りて天蕤桙命の裔といひ、又安曇連一族は海神を祖神といひ、其の子宇都志日金折命と子穗已都久命（一名穗高見命）を祖先と稱す、彼此各共通一致するものがある、これ疑問の三であつた。小市國造、伊豆國造、紀伊國造の一族等は、實際宇摩志麻治族と關係を有せずして共に物部連の祖又は同祖を稱す、これ疑問の四であつた。伊豫伊豆の三島神、山城賀茂の三社同神說と、伊豫三島神は百濟國より渡來せし津國三島神を移祭せりといふ、これ疑問の五であつた。數へ來れば懷疑百出の狀態であるが今は悉く氷解したのである。

吉田東伍の日韓古史斷に、

伊豫大三島祠は大山祇を祭ると云ひ、又百濟渡來神を祭ると云ふ是なり。窃に疑ふ、大山祇は阿多の豪族なり、隼人部衆の祖なるべし。而して今伊豫に祭らるゝは何ぞ、往昔隼人の部種伊豫にも移殖して家廟を立てたるを、其後皇子朝臣の國に臨み民を治むるにあたり、なほ國の舊祠を重祀として尊崇し、爾後永く國人の氏神と定まれるものか……

といふ類の舊說の如きは全然無稽の迷妄である。

坪井博士は史學雜誌太古の九州四國の題下に、四國地方のチアム派、ツングース派等の雜居を述べ、而して「大三島諸島も亦確かに由緒深き中心核でありましたに相違ないと信じますが、是れは異なれる民族に繫がるもので、年代も亦稍ゝ降りませう」との說は首肯せらるる譯である。

第四章　紀伊國造名草（宇治）族と名草神、竈山神及日前神、國懸神

第一節　日前國懸神

一　日前神の語原

官幣大社日前神宮は、風雅和歌集に「名草山とるやさかきのつきもせず神わざしげき日のくまの宮」と載せ、ヒノクマと訓む。クマはセミチック・バビロニアンのクドマ（Kdoma）の約、前の義である。古語拾遺に、

令三石凝姥神鑄二日像之鏡一。初度所レ鑄少不レ合レ意（是紀伊國日前神也）次度所レ鑄其狀美麗（是伊勢大神也）

と記し、初度に鑄造せられたる鏡を祀られた。紀伊國名所圖繪に、日前國懸兩宮往古年中行事名目大概を引き「四月御佐利御祭」とあるミサリは、ミアサリの省略で、アサリはバビロニア語ならば、アサリヅ（asaridu）日神の一名、慈悲の神の義である。併し伊豫風早國造の祖を阿佐利といふに同じく、マラヨ・ボリネシア語のアサル（Asal）元、本源、原始の義、又アスリ（Asli）最初の、元の、本來の義で祖先祭と解すべきであらう。

日前の義を大和本紀を始め後世の諸書に天照大神の前靈と解す。古語拾遺に初度に鑄る所は意に合ずと記したるに因れば、初めには日神の御靈とはせられざる筈である。併し大神の御前の鏡として副へて供へられ、後に神靈として祀られたるが故に日前神と申されたようである。これに就ては既說の如くである。

猶日前の名稱は紀伊鎭座以前に在りや、又は以後にありやが問題である。日は倭人語、クマ（前）はバビロン新語で混淆語なるが故に紀伊鎭座後の名稱であらう。然らば以前はウツクドマ、變じてウチグマなど申したとも思はれる。

二　國懸神の本質

官幣大社國懸神宮の祭神に就ては、早く忘失されて附會を免れない。國懸の訓は伴信友の說に、

天武紀にクニカヾスと訓み、またクニノカヾスとも、クニカヾリとも訓を添たり、令集解に、國懸須と書き、式にもクニカヾスと有て今も然稱と云へば久爾加加須と唱べし。

と述べ、クニカガスの言義は、古史傳に炫の義とするを可とす。古事記に、火之炫毗古神とあると同語火神の名稱である。それは釋紀に引く大倭本紀の一書に下の如く記されてある。

天皇之始（瓊々杵尊）天降來之時、共副二護齋鏡三面子鈴一合一也。註曰、一鏡者天照大神之御靈名二天懸大神一也。一鏡者天照大神之前御靈名二國懸大神一。今紀伊國名草宮崇敬解祭大神也。

と載せ、伊勢大神が天懸大神で、紀伊が國懸大神とある。卽ち知る、天炫神たる日神と國炫神たる火神とである。スメル人の信仰に於ても、我が國に於ても、日神の子が火神である。支那に於ても後漢書荀爽傳に「在レ地爲レ火、在レ天爲レ日」とありて全く同思想である。故に火神たるに相違ない。紀伊國名所圖繪に據るに、日前宮の末社三十社は、悉く天神が祀られ、國懸宮の末社三十社は、殆國神が祀られたるに因るも祭神を物語つてゐる。

然るに右の大倭本紀に、國懸神を日前神と混淆せるは甚しき迷誤で、紀國造傳以下の諸書皆この誤を受けた。大日本史神祇志に、

> 日前神社國懸神社、祀二天照大神前靈一……其初度所レ鑄稱二國懸大神一、又曰二日前神一……按古事記、伊勢大神宮本有二內外二宮一、至二雄略帝一祀二豐受大神於外宮一而古制一變。本社亦設二二宮一、猶二伊勢古制一。但以二神號有レ二、各名二其社一也。據二文書（紀國造文書）日前國懸兩宮者天照大神之前靈也之文一、卽其二社而一神亦可レ證也。延喜式並二列二社一、亦各擧二社名一耳。非レ謂三二社各祀二別神一也。

と記するが如きは、全然無稽の妄說なることを斷言する。伊勢大神宮は本來內外宮共に日神を祀

神體傳說より觀たる祭神

日矛は火火子で火の男神天日矛も火火子

ると爲す說であるが、外宮は斷じて日神にあらずして本來海神なるは既說の如くである。本社も亦日前神は日神なるも、國懸神は火神たるべきは更に疑ひが無い。同神を二社並祭の理由が存ぜざるばかりでなく、一般天孫人種系の神社は殆擧て海神、日神、或は日神火神、或は海神火神等の二社並祭の慣例なるに因りて明白である。

又紀國造傳に因るに、日前大神は鏡、國懸神は日矛とある。國懸神を日矛といふは、安曇連族が大綿津見神の孫穗己都久命の裔といひ、伊豫小市國造の裔が大山積和多志大神（海神）を祖神、御鉾神を祖先といひ、伊豆國造も大山積神を祀りて天萑桙命の裔といふ。これ等のホコ（穗己、鉾）と同語であつて、チアム系古國語の火の男神の稱である。天孫人種系の信仰として海神ヤーの子日神ウツ、其の子火神アグである。火明族津守連の祀る住吉神社にも祖神といふ大海神社と鉾社がある。古來ホコの火神たるを忘失して武器の鉾に誤解するは殆通弊であつた。

國懸神の日矛は倭人語の火であつて日ではない。播磨の加古川を一に氷川といひ、其處の加古丘を一に氷丘といひ、日岡神社がある。加古は火神アグの變カコで、倭人語では火である。日岡神社は火岡で、火字に日を宛てたる例は、書紀に槵日之二上とある類である。故に日矛は火矛卽ち火火出見命と同例、火火子で火の男神の義、彼の韓國渡來を語る天日矛も火矛で、大日靈貴の子たる火神の義である。日神の子として此の國土に天降りたるは、火神であるといふ思想であるから、天日矛は火矛卽ちホホ子である。

然れば國懸神といひ、日矛といひ共に火神たるが符節を合するが如くで、後世ホコを武器に誤認し、國懸神を日神と妄信して日矛の字を宛つるに至つた譯である。日本書紀一書に、

宜㆘圖㆓造彼神之象㆒而奉㆗招禱㆖也。故卽以㆓石凝姥㆒爲㆓冶工㆒、採㆓天香山之金㆒、以作㆓日矛㆒

……是卽紀伊國所㆑坐日前神也。

とあるは鏡と矛の混淆說であつて、祭神の迷誤が上代にあることが知られる。舊事紀には、日矛を鏡の一名と爲し、日本紀私記には、鉾に鏡を付けたるものと解し、平田篤胤もこれと同說であるが牽強附會たるに過ぎぬ。本居宣長の說に「日矛は鏡に非ずして矛なり。古語拾遺の文に矛玉自從とある矛は日矛なり」と、併し其の原因が火神を矛に誤解したるものなるが故に採るに足らぬ。恰も國幣大社大山祇神社內陣の金象眼古代鉾を、御鉾神（火神）に混淆せると同一である。崇神紀に盾鉾を墨坂神大坂神に供せられたるは、內陣守護の武器であつて決して神體では無い。故に斷じて火神と混淆を許さないからである。

三　鎮座と社殿順序

日前神國懸神は本來皇室に於て同殿に奉祀されたるを、崇神天皇の朝豊鋤入姫命が、天照大神と共に之れを奉じて各地を經て名草濱宮に奉齋以來の鎮座である。古事記傳に、

此初度の鏡も、かの日矛と共に三種の神寶に添て後に皇孫命へ授け賜ひしなるべし。其故は右に引る拾遺の文に矛玉自從とある矛は日矛なるが、此鏡もそれと同時にいできて後にも同地に鎮座せばなり。さて御代々々天皇の同御殿にましまし水垣朝（崇神）に至て、天照大御神の御靈八咫鏡草薙劍を豊鋤入日女命に離奉たまひて、鎮座べき地を求めありきたまふ時に、紀國の名草濱宮に三年がほど齋奉りたまひしこと倭姫命世記に見ゆ。此時までかの日矛も初度鏡も共に天照大御神の御靈に付添て齋奉りしを此名草濱宮に右の二をば留め奉て永く彼地に鎮り坐しめたまひしなるべし。此日前國懸二大神なり。

とある。然るに紀伊國名所圖會に、

濱宮、紀國造家記曰、神日本磐余彦天皇東征之時、以神鏡及日矛、託天道根命而令齋祭之時、天道根命奉二種神寶、到于紀伊國名草郡毛見村、安置琴浦海中岩上。至于崇神天皇五十一年四月八日豐鋤入姫奉天照大神之御靈。而遷于斯邦名草濱宮之時、日前國懸宮有海中岩上、同遷于名草濱宮並宮共住。同五十四年天照大神又遷于吉備名方濱宮。日前國懸宮留名草濱宮。垂仁天皇十六年自濱宮遷于名草萬代宮、卽今秋月村之宮是也。

と見え鎮座の沿革が知られるが、併し神武天皇の朝に於て初度鑄造の神鏡たる日前神と日矛とを、紀國造祖先が名草の毛見村岩上に奉齋すといふは誤である。その理由は村上天皇天德四年九月二十三日內裏燒失の際、賢所の神鏡に就て天德御記に、

外記記曰、威所三所、一所鏡、件御鏡雖在猛火上、而不偏涌損。卽云伊勢御神云々。一所、眞形無破損長六寸計。一所鏡、已涌亂破損紀伊國御神云々

と記されて、この賢所の神鏡は崇神天皇の朝模造せられたるもので、此の文に紀伊國御神とあ

社殿順序は右上左下

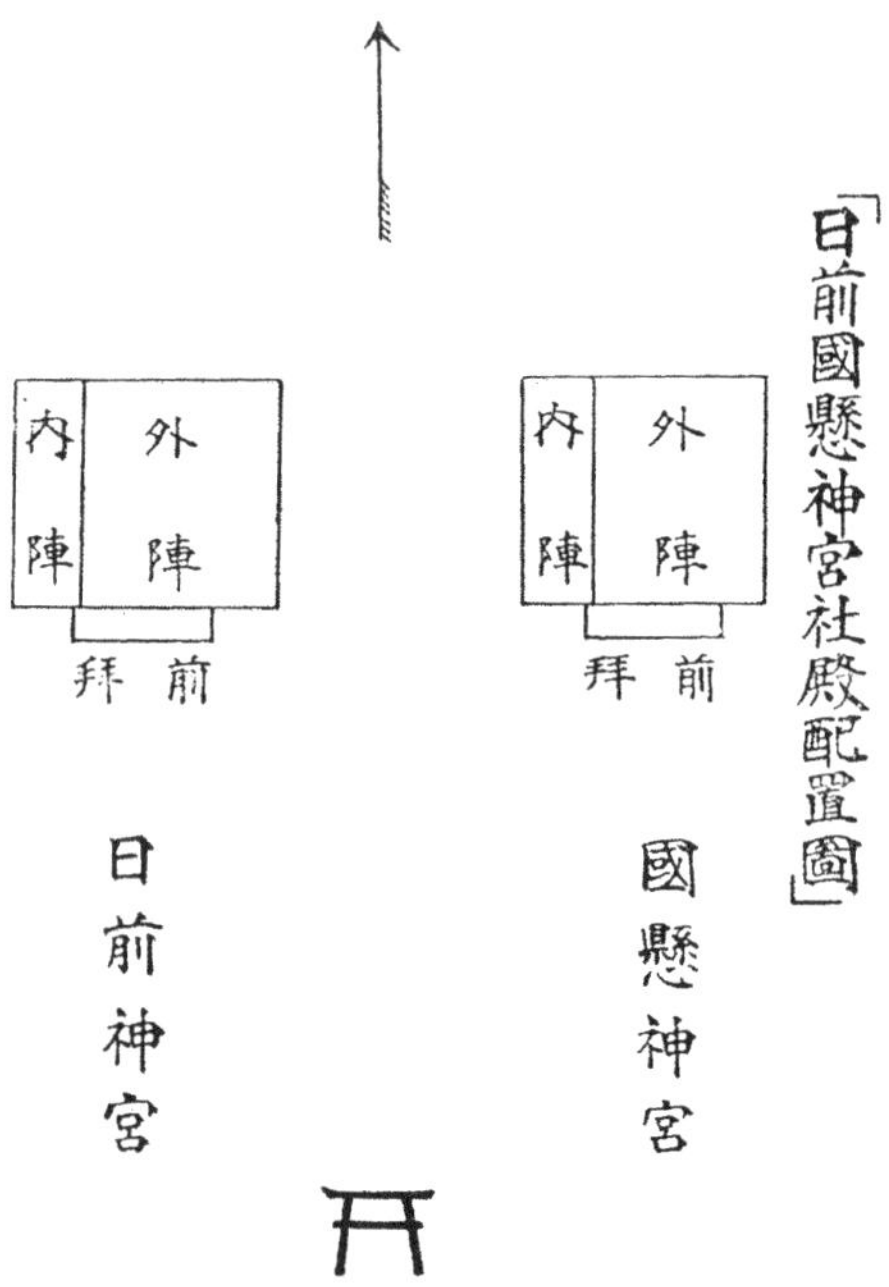

「日前國懸神宮社殿配置圖」

國懸神宮　内陣　外陣　拜前

日前神宮　内陣　外陣　拜前

るに因りて、當時共に模造されたることが察知せられ、隨つて天照大神と共に豐鍬入姫命に託して順次紀伊國に祀られ、大神は他へ遷坐せられても、日前國懸神は此の地へ留め祭られたる由が斷定せらるゝからである。國造家記は名草神と日前神を混淆せる傳說であつて、名草神は下說の如く原始時代に於て紀伊國造の祖先によりて名草山に祀られたるものである。一方日前國懸神は豐鍬入姫命が天孫人種の緣故地を尋ねられて、教化の爲め大神を奉じて紀伊國へ至られ名草濱宮に祀られたる譯で、その遺蹟は名草邑卽ち今紀三井寺村大字毛見にある次第であるから斷じて混淆を許さ無い。

今秋月の日前神宮、國懸神宮の配置は、兩社共に南面に向ひ、西は日前神宮で東は國懸神宮である。即ち日神を祀る日前神宮が右（向て左）、火神を祀る國懸神宮が左（向て右）である。故に右上左下であつて、一般天孫人種系の古大社の例と一致する譯である。內陣神座の兩社共に東面に向ひたるは、日出に直對する原始思想が傳へられたるに原因するであらう。

第二節　紀伊國造と所祭神

一　紀伊國造名草（宇治）族と名草神

紀伊はスメル語のキイ（Kii）森林地の義で即ち木である。古韓語にても森をキ又キイといふ。日本書紀古語拾遺等は紀伊に作り、古事記は紀又は木に作る。紀伊國造は國造本紀に、

紀伊國造、橿原朝御世神皇產靈命五世孫天道根命定賜國造。

と載せ、姓氏錄に、

河內國天神、紀直、神魂命五世孫天道根命之後也。

和泉國天神、紀直、神魂命子天御食持命之後也。

とある神魂の後といふは、宇佐國造を高魂の裔といふに同じく、固より新神話時代の作爲であるから人種の研究に徴證とはならぬ。紀伊國造系圖に、天道根命――比古麻――鬼刀禰――久志多麻――大名草比古――宇遲比古とある。その大名草比古は姓氏録に、

和泉國天神、大村直、紀直同祖大名草彦命男枳彌都珍命之後也。

名草の語原

と記し、名草は神武紀に、紀伊國名草邑名草戸畔の名を載せ、和名抄に名草郡奈久佐と註し、ナグサは長狹と同語、ナグウツ（Nagu-ut）の轉、日神鎭護地の義である。名草山は三井寺の北和田村（今三田村）安原村（舊名草邑）に特起する孤嶺で、風雅集に、紀俊文が「名草山とるやさかきのつきもせず……」とある山である。紀伊國造の祖先が原始時代に於て、之に本居して日神を鎭祭せる處と知られる。故に大名草比古の名がある譯である。

名草戸畔は紀伊國造の祖先

神武紀の名草邑名草戸畔は必ず紀伊國造の祖先であらう。崇神記には木國造荒河刀辨（荒賀郷）がある。戸畔のトはツと同語ノの義、べはセミチック・バビロニアンのベル（Bēl）の下略で、主君、主人、主神

等の義、これにては首長の義である。吉田東伍は女子の家刀自かと疑ひ、久米邦武の古代史には、或種族の酋長の稱と爲し、野蠻人と見なしてゐるが共に採るに足らぬ。神武紀に名草邑に到りて名草戸畔を誅すとも、又熊野に到りて丹敷戸畔を誅すとあるは、後世語部が戸畔を以て野蠻人の酋長の如く誤解して、之れを誅すといふ說話を構造したとしか思はれぬ。

其の子宇遲比古は、景行紀に「屋主忍男武雄心命を紀伊國に遣して、阿備柏原にて神祇を祭祀すること九年、則ち紀直遠祖菟道彥の女影媛を娶て武內宿禰を生む」とあるを、古事記には、孝元帝の段に「御子比古布都押信之命娶木國造之祖宇豆比古之妹山下影比賣生子武內宿禰」とある。武內宿禰の父祖に相違あるも、其の宇豆比古卽ち宇治彥の女たるは同一であつて、宇治は宇豆卽ち日神ウツの轉訛で、紀伊國造は宇豆……宇治（日神）氏を稱へたる趣が首肯せられる。大日本地名辭書に、

> 海草郡宇治、此名今亡びたり、名草山の邊にて紀三井寺村大字內原は正しく宇治原の義なるべし、內原の東北に接する安原村に宇治彥の古跡あり。卽紀國造の本居なりと知るべし。

と記し、名草邑名草山の近邊を宇治とも稱し、こゝに本居して日神を名草山に祀りたることが著しい。

紀氏の祖神を神魂命の子天御食持命といふ御食はチアム語で、ミは尊稱、ケはアガ、ウガの轉ウケの略で穀物の稱、天道根命の名も原語ではない。故に紀伊國造系圖の大名草彦以前の名稱は後世の作爲と知られる。倭姫命世記に、崇神天皇の時、紀國造舍人紀麻呂とある

麻呂の言義

麻呂は、セミチック・バビロニアンのマール（Maal）、またマリ（Mali）息子の義で、後世も人名に使用されてゐる。

猿投神社

又名草を倒置してサナグ又はサナゲとも呼んだ。其の例は愛知縣三河國西加茂郡猿投村大字猿投、縣社猿投神社、祭神大碓命は、延喜式加茂縣狹投神社と載せ、古縁起に「大碓皇子登㆓狹投山㆒中㆓蛇毒㆒薨、則葬㆓山上㆒」とある、祭神を大碓命といふは後世の迷誤なれども、ウスはウツ、ウサと同語なるが故に日神たる由が一致する。

二　竈山神の本質

名草邑名草山の隣地に和田村（今三田村の大字）がある。既に海神鎭座地たるを語り、和田村に竈山があり、延喜式内の官幣中社竈山神社が祭られてある。竈山神社の名義は、筑前國筑紫

竈門神社

郡（今御笠郡）御笠村大字内山の竈門山鎮座官幣小社竈門神社と同語で、神祇志料に「竈門神社、今内山村寳満山の頂に在り、蓋海神の女豊玉姫命を祭る」とある。内山村の内は宇治と同語日神ウツの轉訛で、此の地に日神と海神とが並祭せられたることが察知せられる。

竈山竈門山の言義

竈山、竈門山はセミチック・バビロニアンのガガヅ（Gagadu）頭の義、即ち山又は突出地の意である。ガガヅといふ語のカガドとなり、更にカマドに變じ、カマド山と呼べば、自然ドを略してカマ山となるのも怪しむに足らぬ。御笠村内山の竈門山は筑前國續風土記に「造化神秀の鐘まる所にして、峯高く聳え雲霧ふかく覆ひ、烟氣常に絶えず、故に竈門山といふ。又御笠山とも寳滿とも號す。滿山岩多くして其形勢良工の削りなせるが如し、誠に奇絶の境地なり。山上に登れば一瞬の間に數百里の間をかへりみて衆山の小なるを一覧し、西北は壹岐對馬遙に見ゆ」と記す。其の烟氣常に絶えず故に竈門山と云ふは附會に過ぎないが、竈門山、竈山の共にガガヅなるが首肯せられやう。然らざれは神山神處山の義であらう。

竈山墓五瀬命の名義

神武紀に「進到㆓于紀伊國竈山㆒、而五瀬命薨㆓于軍㆒、因葬㆓竈山㆒」と載せ、延喜式に竈山墓彦五瀬命とある。五瀬命の名義は、五十鈴と同語、セミチック・バビロニアンのイツズ（Ituzu）畏るべき、尊むべきの義で、日神の御子たるの御名である。この御墓は古事記傳に、

> 竈山の御陵の斯く後世まで式にも載せ毎年御幣を奉り賜へるを以ても、此命は天津日嗣にましけるを早く崩坐し故に神武帝の其後を嗣ぎたまひしことしるし。若押しなべての皇子に坐まさんには然る事あるべからず。上代の皇子たちの御墓の中に、諸陵式に載るは五十瓊敷入彦命、日本武尊、菟道稚郎子などの外は例なし。今和田の竈山明神の近地に丸山と云て大なる塚あり、もの舊たる大樹とも生繁れり、是や御陵ならん。

と述べ、竈山神社の傍地に在る。積石塚の風俗は本來ツングース派なるも、神武天皇は三輪出の女を入れて皇后に立て給ひ、御陵も積石式に據られたる趣であるから、皇兄五瀬命の御墓も壯嚴なるこの式に據られたと察せられる。

併し和田の竈山神社の祭神は古來不明である。近世に至り神名帳考證に「紀伊國名草郡竈山神社、今在㆓宮郷和田村西南三町許㆒彦五瀬命」とあるも、此の説は何等根據なく竈山墓によりて推測したるに過ぎぬ。古事記傳には之れに就て下の如く述べてゐる。

> 神名帳に名草郡に竈山神社もあり、此社も即五瀬命を祭ると云り、さもあらむか、されど社は異神ならんか、さだかならず。

古代は人を神として祭らず

男神社

男乃宇刀神社

とある如く、五瀬命といふ說の不確實なるが察知せられよう。否延喜式の竈山神社の異神なることは土俗の口碑によるも知られる。加之古代には人を神として祭る例は更に見え無い。故に神功皇后を祀られたる官幣大社香椎宮を國史や萬葉集には香椎廟と掲げ、延喜式神名帳には載せられて居ない。八幡宇佐宮を應神天皇といふは、中古よりの迷誤である。

其の他諸陵式に載する五十瓊敷入彦命の御墓は、垂仁紀に「五十瓊敷入彦命居㆓於茅渟菟砥川上宮㆒作㆓劍一千口㆒」また延喜式に「宇度墓五十瓊敷入彦命在㆓和泉國日根郡㆒」と記し、今泉南郡東鳥取村に在る。その隣地菟砥川を隔てゝ雄信達村大字男里に、延喜式男神社二座と見えたる神社があり、今神武天皇、五瀬命、五十瓊敷入彦命を祭られてゐる。又式に和泉郡男乃宇刀神社二座とも見え、これ等の菟砥は本來日神たるウトの神を祀られたるに原因する。信達村は本來月神シンの名稱に起因すると思はれる。男神社も亦男乃宇刀神社の名稱であつて共に祭神二座は、日神と海神、又は火神を並祭せられたるに相違あるまい。それは、此地に關係深き五十瓊敷入彦命はイニフと訓み、ニフは丹生都比咩神と同語、火神ナブの轉で此の皇子は本居の地名を以て御名に負はれたる譯であるから、本來火神の祀られたることが察知せられる。然るに後世祭神を逸して神武天皇、五瀬命、五十瓊敷命となすに至れる次第である。

また菟道稚郎子命は、延喜式に山城國宇治郡宇治神社二座と見え、今宇治村大字宇治郷に在りて、菟道稚郎子命を祭られた。併しこれ亦祭神は斷じて皇子に非ずして、本來皇子の母系たる宇治（日神）氏に因りて日神ウツの神と、その父神たる海神ヤーの神又は火神の二座なるべきは、本書に述ぶる原始時代の諸神社の例によりて推知せられる。若し人を神に祀る風俗あるならば、第一に古代の天皇を祭られたるべきに、其の形跡の更に之れなきに因りても知るべきである。神祇志料には、宇治宿禰の祖神を祀ると載す。

かく人を神として祀る習慣の古代に存在せざるに據るも、竈山神社を以て五瀬命といふ説の後世の俗説たることが肯定せられ、從つて竈山神社の祭神は、必定五瀬命では無い。

之れを要するに、名草邑宇治の名草山に日神が鎭祭せられたるによりて、一般天孫人種系氏族の慣例として必ず海神又は火神等が並祭せられざるべからざるに、名草山の隣地和田村といふ海の地名があつて、そこの竈山は筑前の竈門山と同語なるが故に、紀伊國名草族が原始時代に於て海神日神を並祭せし由が察知せらるゝのである。本社を神祇志料に「舊港町（和歌山市）の濱舊名男水門にありしを後今の地に遷す」と記す。之を男水門といひ移祭といふは共に迷誤である。

三　明光（和歌）浦は火神名

又和田村の海邊、和歌浦に玉津島神社があり火神が祀られてある。和歌浦は一に明光浦に作り、明石のアカと同語、火神アグの轉で、アカの變ワカである。然るに續日本紀、神龜元年天皇幸㆓紀伊國㆒……故改㆓弱濱名㆒、爲㆓明光浦㆒とあるは本末顚倒である。神祇志料に「玉津島神社、此神蓋稚日女尊を祭る」と載せ、稚日女尊は、神功紀の英虞苔志神（志摩國）、卽ち生田神社の祭神で火神である（天野祝丹生都比咩神社の段參照）。

當社は萬葉集、山部赤人の歌に「神代よりしかぞ尊き玉津島山」とありて、名草族が原始時代に於て火神アグを海神、日神と共に並祭したるに相違あるまい。尤玉津島神社の玉はバビロン新語のタマト海又海神の義で、海神火神が並祭せられたるようであるが、併し和歌浦の地名によりて火神たることが著しい。之を玉津島といふは、新神話時代に海神を豊玉姫、玉依姫といひ、火神を稚日女又は火火出見といひ、火神海神を夫婦神として並祭するによる思想からであらう。

第五章　宇佐國造宇佐族と八幡神、宇佐神

第一節　宇佐國造宇佐族

宇佐族は神武紀に「行至筑紫國菟狹、時有菟狹國造祖、號曰菟狹津彦菟狹津媛、乃於菟狹川上造一柱騰宮而奉饗焉……」と載せ、神武天皇以前に居住した。宇佐は日神ウツ（ut）の轉訛で紀伊國名草神と同語、日神氏である。彼の若狹國若狹比古神社は、神武天皇東征の時に先導したる珍彦の裔大和國造同族なる和氏に祀られたる神社で、祭神は和氏に關係ある火火出見尊と豊玉媛が祭られてある。かくて若狹はワカウサの約で、ワカウツ（若日神卽ち火神）の轉訛であるから一致する。國造本紀に、

宇佐國造、橿原朝高魂尊孫宇佐都彦命定賜國造。

また舊事紀天神本紀に「天三降命、豊國宇佐國造祖」とありて、此命は饒速日命の天降の時陪從神三十二神の一とある。物部連に關係の有無は兎も角、原始史を傳へたるやうである。宇佐

族は日神氏であるから必ず海神の裔でなければならぬ。然るに新神話作成時代に於て思想の變化と亡失とによりて根據も無き高魂尊などを稱するに至つた。紀伊國造が神魂の裔といふと同例である。新神話神の冒稱は人種的には何等の徴證とはならぬ。ツングース系統に屬する氏族も好んで高魂神魂の出としてゐる。

舊説に宇佐國造は古事記に土人とあるに據りて地祇族と爲し、天神族を否定したるは迷誤である。此の氏はバビロニア系なるが故に勿論天神族の傳説を可とする。土著の先住者を國神といふ例は珍彦の如き、吾田國主事勝國勝長狹の如き、また天野祝系統たる丹生祝氏文に「紀伊國造豊耳命娶二國主神女兒阿牟田戸自一……」とありて、紀伊國造が天野祝たるバビロニア系天神アヌ氏を指して國主神といへるが如きは其の適例で、畢竟後世の誤解に過ぎぬ。

第二節　八幡神と宇佐神

官幣大社宇佐神宮は豊前國宇佐郡宇佐町に鎭座し、延喜式に、八幡大菩薩宇佐宮、比賣神社、大帶姫廟神社の三殿共に名神大社に列せられてある。宇佐は日神ウツの變で、鎭座の小丘を小倉山といふ倉は、攝津國住吉の渟中倉と同語、スメル語のKla山の義。八幡神の國史に見えたるは、續紀天平勝寶元年紀に、宇佐郡に坐す廣幡乃八幡大神とある。八幡神は既説の如く

第一殿が八幡神第二殿が宇佐神
八幡神は本來小山田に祀らる

海神ヤー（Ea）で、タは助辭である。

古來本社の祭神に就いては牽強附會せられて殆端倪すべからざるものがある。卽ち三殿の內、第一殿は宇佐託宣集緣起等に、譽田天皇廣幡八幡麿とも、諸社根元記に應神、二十二社註式に八幡と記し、第二殿は宇佐託宣集、諸社根元記に玉依姫とあり、延喜式、二十二社註式等には比賣神、八幡宮本紀には宗像三女神と載せ、山城名勝志には「宇佐比賣神は石淸水末社記に海童大女にて神武天皇の御母なり、玉依姫と申し、吾神八幡神に誓約あり、御顯現の後御同宿、又若宮は龍宮海童大女の御腹にて御童形なり」とも、阿蘇大權現根本記には「八幡宮宣く、我母龍宮に約束をなし給ひ、日向國に入向給て龍女奉娶給ふ、其時生給ふ子を若宮四所と申」と記す。これに據るも大神は應神天皇にあらずして、鵜草葺不合尊もしくは彥火火出見尊たることが知られる。然れば栗田寛博士は八幡神は彥火火出見尊にて比賣神は豐玉媛と斷せられた。

併し第二殿の比賣神を豐玉姫と成す說であるが。これは第一殿が八幡神、第二殿が宇佐神である、其理由は二つある、先づ鎭座の順序より見るに、託宣集に據るに、八幡大神は元來現社地なる小倉山の坤の方小山田に祀られたるを、養老年中に現社地に移されたとある。また八幡宮本記に、

宇佐神は地主神

第二殿は傳説の如く宇佐日女卽宇佐日霎たる日神

八幡大神いまだ宇佐に顯れ給はざりし時より、すでに鎭座し給ひし尊神なれば、此御神（本書に第二殿宗像三女神といふ）を以て宇佐の地主神とし、八幡大神を以て賓とす。

と記し、第二殿が宇佐といふ地名の起原に關係ある地主神たる宇佐大神であつて、その第一殿たる八幡大神は本來小山田に祭られて居た。山田は海神鎭座地の名なることは既説の如くである。

二には八幡の本宮とも稱する大隅正八幡の祭神を二十二社註式に、大比留女並應神天皇と見え、大日霎は日神、應神天皇は八幡神たる海神である。當社には大寶比に前出雲派チアム系たる大神氏が奉仕して神德を顯著ならしめたることを想ふ時は、第二殿の比賣神は日女（日の女神）で日霎神なるを後に誤解して姫神とし、或は應神天皇の后神とも玉依姫とも、或は神代紀一書に宗像三女神を葦原中國の宇佐島に降さしむ、今海の北の道の中に在り、道主貴と號すとある宇佐島を以て、此の豐前の宇佐に曲解して第二殿比賣神を宗像三女神とするものである。併しこれは第二殿が宇佐日女神卽ち宇佐日霎神であることを證するが故に延喜式に八幡大菩薩宇佐宮、比賣神社とあるは、全く八幡大菩薩宮、宇佐比賣神社に作るべきである。然れば俗説によれば第一殿は玉依姫第二殿は火火出見尊に當るのである。

併し此の御名は新神話の神なるが故に必ず原始語の海神ヤーと日神ウツでなければならぬ。然るに火火出見尊玉依姫といふ傳説ある所以は、古代に於て祭神が海神と日神なることが明かであるから、皇室に關係深き新神話の神と成すに至れる次第であらう。

後世八幡といふ語の種々附會せられて、宇佐託宣集に「辛國（大隅）の城に始て八流の幡を天降して吾は日本の神と成れり」などいふに至つた。或は宇佐縁起に見えたる海神の宮から献られたる御初衣、その形八足白幡といふに因るにあらずやと疑ひ、或は神功皇后縁起に赤白の旗流れ降りしに因るといひ、或は對馬海神社々傳に征韓の軍旗に因るといひ、また八幡といふ地名より起るとし、彌重畠、火田の略語となすが如きは共に無稽である。

大日本地名辭書に、

豊前國築城郡綾幡郷、今下城井村の東部及び葛城村に當るごとし、赤幡八幡宮あり、綾幡の訛なるべし。葛城は宇佐大鏡に奈古荘と錄せる地なり。赤幡、今下城井村の大字と爲る、宇佐大鏡赤幡八幡宮は推古帝の朝に赤幡天降りし靈蹟なりと錄す。

綾幡といひ赤幡といふは、宇佐託宣集等の俗説によるものであるが、赤幡八幡の鎮座地を奈古

といふは、スメル語のナグ即ち神の鎭護地の義で、ナグヤーの祀られたるに依るであらう。栗田寛の神祇志料に、

按八幡宇佐宮の神名は正史に見えされば詳に知り難きを、後世の諸書なべては、八幡は應神天皇にて比賣神は宗像三女神なりと云へど、宇佐託宣集に引ける阿蘇縁起、香椎宮記及び神祇鈔等を合考ふるに、恐らくは彦火火出見尊豊玉媛を祀れるが如し……傳へ云ふ初欽明天皇の御世厩峰菱形池に神異の翁あり、大神比義に託りて我は譽田天皇廣幡八幡麿也、我名を護國靈威力神通大自在王菩薩と云ひ敎給ひき、按に菩薩と云ふは續紀に見えず大同二年に始見す。欽明の朝云々とあるは疑ふべし。但比義の子春麿を和銅年中の人とすれば、比義は欽明朝の人に非ず妄誕辯を俟たずして明也。故此後比義甚く此大菩薩を敬ひ、當時神殿なしと雖、其神山（託宣集に馬城峰頂なる三大石を以て神體と爲すとあり）に向て幣帛を捧る時は、猶神語を承る事を得たり。或は自ら當神となりて種々の異瑞を示し辛島勝乙目と共に祝として仕奉りき。和銅五年始て鷹居瀬宮を建て後小山田社に遷し奉り、養老四年大神諸男始て菱形池の薦を苅て御枕（長一尺徑三寸）を造り、之を神輿に載せて御體に准へ、隼人の兵亂にあたり靈驗を示し給ふ宇佐託宣集……又按八幡大神を應神天皇と

申奉る事は、かの大神比義が僞言に出たる故にか正史に其事なきを、天應中に至て大菩薩の號あるは、比義が言を信給へるなり。さて私に天皇を祭れりと云ふ說のややに行はれつるより、弘仁中に神託ありとて大帯姫廟を建しかど猶公けざまには然申さざりけむを、貞觀の宣命に顯祖と申せるは、陰に應神天皇なりと云ふ意を含で申奉るに似たり。かくて思ふに是より先き武內宿禰の裔なる僧行教が石清水宮を創めたるに合せて、其祖先の仕奉れる事に附會して、比義が說を實にせしより朝廷にも自らうけひき給ひてかく申けんも其勢也。

と述べ、また同博士の八幡神考に、

託宣集に曰へる様は「金刺宮（欽明）御宇二十九年戊子、筑紫豊前國宇佐郡菱形池邊小倉山之麓、有鍛冶之翁、帯奇異之瑞、爲一身現八頭。大神比義問根本云、誰之成變乎、君之所爲歟、忽化金色鳩、飛來居袂上。爰知神變可利人。然間比義斷五穀、經三年之後、同天皇三十二年辛卯二月十日癸卯、捧幣頓首申、若於爲神者、可顯我前、即現三歳小兒、於竹葉上宣、

貞觀頃より祭神を應神天皇とす

辛國（大隅）の城に始て八流の幡を天降して吾は日本の神と成れり云々。我は是日本人皇十六代譽田天皇廣幡八幡麿也。我名をば護國靈驗威力神通大自在王菩薩と曰ふ、國々所々に垂跡して神道に留る者。

と、また國々靈行處々靈瑞、或依二託宣之文一、或依二比義之語一、知二往々之跡一、造二所々之社一而已」とみえたり。若しまことに此言の如くならば、**八幡神の大神比義に託給へるにはあらで、却て大神比義が八幡神に託けて世を欺きたる事こそあなれ。**其は託宣と比義が語に依て「神の靈跡を知り所々の社を造れり」と云ふ事の疑はしきのみにもあらず、大自在菩薩など云號の當昔（欽明天皇御世）あるべき語ならんやは（東大寺要錄に引る弘仁十二年八月十五日官符に「天應之初、計二量神德一、更上二尊號一曰、護國靈驗威力神通大井、延曆二云々、加レ號曰護國靈驗威力神通大自在王井とあるをも思ふべし。この頃に至り僧徒の私にものせるものなるべし。又同官符に「件大井是亦太上天皇御靈也」とみゆ、いづれも疑はしき文なり）。されば**貞觀の頃より宇佐大神を應神天皇に引まがへてより**、宇佐の神主も男山の法印も主とこの神は應神帝なる趣を佛說どもを雜へて混はしつれど、八幡神は住吉神の御子なりといひ、或は彦波瀲尊の皇子の如くにも見え、前後矛盾してその罅隙を彌縫ことあたはず、是に於て「此八幡者住吉爲レ父、香椎爲レ母」とも「又此八幡者日輪爲レ父」といひ「竈門者我伯母也」と云へるを、一々に古書に徴して攻撃する時は遂に彦火火出見の御事業に歸着すること、はなりにけり。抑この宇佐大神は日本書紀を始め歴史ともに、應神天皇にかけて申し奉れる證はなきに、朝廷の待遇は天祖天照大御神につぎていと嚴かにものし給ひ、其神封も九國に遍く伊勢太神宮と同く二所宗廟と稱へ奉るは、おぼろげの事にはあるべからず……

これを綜合するに八幡神の起原は、大神比義が祀りたるものにあらずして、必ず原始時代に於て宇佐族が創祠せしに疑ひなきこと、大神氏は姓氏録に、大神朝臣は素佐能雄命の六世孫大國主の後とありて、本來バビロニア系の八幡神に關係を有たざること、大神比義は欽明天皇頃の人にあらずして大寶頃の者なること、託宣集等は忘誕虚構の説にて採るに足らぬこと、宇佐と八幡の神名は正史に見えざるが故に（實は宇佐と八幡は、原始神の轉訛なることを夙く忘失したるが爲である）異説を生じたるも、併し彦火火出見尊、豐玉姫命といふ傳説は、應神説以前の古傳なることが知られ、八幡を應神天皇に附會したる根據は、對馬の正八幡海神社の社傳に因るも、三韓征伐の幡に思付きたる古事附である。

猶宇佐託宣集に「若宮者仁徳天皇」。また八幡宮本紀に「未社若宮殿、是は八幡大神の御子大鷦鷯尊を祭る」とある若宮は、天孫人種系諸社の例に因るに火神であつて、本來宇佐國造によりて海神日神火神の並祀されたる譯である。

第三節　鎭座と社殿順序

八幡神の鎭座は宇佐託宣集に據るに、欽明天皇の朝宇佐郡馬城峰（一名御許山）に顯はれ、其の頂なる三大石を以て神體と爲し、和銅五年神敕によりて鷹居瀬に造宮して五年鎭座し、靈龜二年神託によりて小山田社に移し、十年の後神龜二年神託により小倉山に移す、即ちこれを第一殿と成すとある。併し石を以て神體とする思想は既説の如くチアム、ツングース系統に屬する信仰なるが故に、八幡神の鎭座を以て馬城峯より鷹居瀬に、次に小山田に、次に小倉山と轉々移祭せりといふ如きは俄に信ずるに足らぬ。況や本社の如き荒唐無稽説によりて混亂せられたるものに於てをや。併し八幡神は本來小山田に鎭座せしことは信據するに足る。山田は海神鎭座地の名で、宇佐の地主神は第二殿の宇佐神なるを以て小山田鎭座説は確實である。第二殿の宇佐宮は必ず變改ありとは思はれぬ。原始時代に宇佐族が日神を宇佐に、海神を小山田に並祭せるは

社殿順序は右上左下

「宇佐八幡宮社殿配置並旧社地々理の圖」

第三殿 大帯姫命

第二殿 宇佐宮（比賣神）

第一殿 八幡宮

○小山田 八幡宮旧社地 現社地ヲ西西南ニ距ル凡十四五丁

一般の慣例に合致する譯である。

社殿の順序は八幡本記等に據るに、三殿ありて南面し西を第一殿八幡宇佐宮で、中を第二殿比賣神、第三殿大帯姫命とある。この順序によれば右（向て左）を上位とし左を下位とした。海神たる八幡神は日神たる宇佐神の父神なるが故に、第一殿として上位に祭られたものなるに

儺國は本來奴國

因り右上左下の思想である。

第六章　儺國安曇連名草族と志賀海神、宇都志日金拆命、穂高見命

第一節　儺國、奴國、儺津、博多津の語原

儺國は今福岡地方である。仲哀紀に「天皇筑紫に幸し儺縣に到りて橿日宮に居ます」とある儺縣である。宣化紀に那津、齊明紀に、娜津とも長津とも見えたるは今の博多港である。吉田東伍の說に「今の筑前國粕屋筑紫早良の三郡は古の儺縣の領域とす。上古綿津見神の裔孫此に居り、因りて又海神國の稱あり。當時國力强盛、海外に交通し、奴國の名、漢魏の史書に載せたり」と記し、儺國は本來奴國といつた。魏志に「伊都國より東南、奴國に至る百里、官を凹馬觚と云ひ、副を卑奴母離と云ふ。三萬餘戸あり」と載せ、この奴國の儺縣に當ることは舊說の一致する所である。また後漢光武帝中元二年倭奴國朝貢し、光武賜ふに金印を以てした。

奴國は海神國の義

此印天明二年志賀島より發見さる。文に「漢委奴國王印」と刻され、委は倭の略字で、倭の奴國の義である。然れば儺國は元來奴國といへることが知られる。

奴國の名義はセミチック・バビロニアン語のヌヌ（Nunu）魚の義で、魚は海神の使として、又海神と同視せられたるが故に奴國は海神國の義である。履中紀に「淡路野島之海人也。阿曇連濱子爲二仲皇子一令レ追二太子一……」とあるを、地名辭書に「沼島は仁徳紀の淤能碁呂島と詠れたる島にて、淡路三原郡に屬し、灘村の海上に在り、古より漁民栖止し、今も沼島千軒と稱し、行舟獵魚を善くし沼島村と云ふ」とある事實によるも沼島は魚島の義に一致する。住吉の渟中倉、沼名前神社と同語、海神を意味する。

奴國は更に轉訛して儺國といつた。魚をナといふ例は、仲哀紀に、魚鹽地とも魚沼ともあるによりて、魚は本來ヌヌといへることが察知せられる。安曇連に關係深き信濃國伊那郡の伊は伊勢伊豫に同じく助辭、那は儺と同語で海神に關係する。然れば儺津はヌヌツの轉訛で津はスメル語のツ（Tu）で入江、入海、上陸場の義である。儺國を古代海神國の稱あるは、儺即ち奴といふ語それ自身に其の言義を有つことが知らるゝであらう。娜津を又長津といふは、ナノ津のノといふ助辭をガに轉ずるは言語學上怪しむるに足らぬ。舊說に儺津を穴の義とするは無稽に過ぎぬ。

鰭廣物のハタは魚の義

博多津は今合併して福岡市となる。三代實錄、貞觀十一年太宰府の奏上文に「博多是隣國輻輳之津、警固武衛之要」と見ゆ。博多津の名義は「ハタノ津」の轉で、カは音便の助辭である。

ハタはスメル語に魚をハ

Ha　象形字

といふ。ハのインチビジユ、アリゼーシヨンは吾田山田の如くタ音を添加してハタとなる。書紀一書火火出見尊の海神宮神話に「盡召二鰭廣鰭狹一而問之、皆曰不レ知」とあるハタは、魚の稱であつて決して舊說の如く鰭の義ではない。ハタ卽ち魚は儺（魚）に同じく海神を意味する。現に博多の住吉町に延喜式名神大、住吉神社が鎭座せられ、姓氏錄に、

右京神別地祇、八太造、和多罪豐命兒、布留多摩乃命之後。

と載せ、八太造の本居は儺國の博多なることが察せらるゝと共に、博多の原語は八太であることも知らるゝ譯である。

第二節　安曇連と所祭神

一　安曇連の語原

安曇は海神の義

安曇連は儺國に本據し、應神天皇の朝、海人部の宰領となりたる豪族である。古事記に「阿曇連等者、其綿津見神之子宇都志日金折命之子孫也」と見え、所謂海神の裔である。和名抄に阿都三と註す。その名義は舊說に海人津持の約言とし、坪井氏は狩人の義と說き（史學雜誌大古の九州四國參照）、原田氏はアツは日の出、ミはメーの轉で日出の海と解した。併し安曇はバビロン語のアツアミルの略、アは水で海の義、ツは助辭ノの義、アミル（Amir）は人、若しくは徒の義、アミルのアは語の中間で省略し、ルは流音であるから言語學上消失を常とする。バビロニアに於て後世奴隸の生ぜし以來アミルの語は、非常に尊敬せられ優等階級を意味するに至り、ベル（主君、主人、主神等）に代へて用ひられたるが故に神といふ意味を有する。恰もチアム語の咋は人の義で神に用ひられたると同例で海神の義となるのであるが、併し安曇のミはアミルにあらずして和多津見、穗積、日高見、穗高見と同語、チアム語の敬語御で神の義と解すべき理由があるからこれ亦海神の義である。

安曇は綿津見と同語

要するに安曇のアはアッダ（Ada）と同語海又は海神の義なるが故にアダツミであり、綿津見のワタはアダの變化にてこれ亦アダツミなるが故に、安曇も綿津見も全く語原を一にする。かくスメル語とチアム語の混成語は他に少く無い。然れば海人の宰領として、綿津見神の子孫として、安曇即海神を以て呼稱するは最も適當せる名稱で、且つ一般天孫人種系諸氏が日神火神等を稱號とする習慣にも合致する。

名草を稱名とす

神功紀に、磯賀海人名草（ナグウツの轉訛で日神鎭護地の義）といふ名も見え、海神の子孫として日神の名を稱へた。

二　祖神たる綿津見神

志賀の義

綿津見神を祭る志賀海神社は、福岡灣口を扼する志珂島村に在りて、延喜式に、糟屋郡志加海神社三座と載す。當社は安曇連が祖神として祭祀せる所で、古事記に「此三柱綿津見神者、阿曇連等之祖神以伊都久神」とある神社である。志賀の語原はセミチック・バビロニアンのスガ(Sga) 市街といふ語がある。名古屋神（ナグヤー）たる尾張國西春日井郡上名古屋の綿神社は今金城村大字西志賀に在る。坪井氏は「シカ、シガ、シキ、シギ等の地名はチアム語で獵の獲物を屠るより來た語で獵場のことをいふ」と說かれた。神功紀にある天野祝が祭る天野宮に沿革

狩場明神は犬神

海神の語原

宇都日志金拆命は日神

する丹生都比咩神社は、高野の西口天野村志賀に鎭座し、此の神化現して犬と爲り空海を導きたまひ、狩場明神と稱へ奉るとある。固より佛者の言取るに足らないが、其の實狩場明神は丹生都比咩神社でなく高野山に存在してゐる。狩場明神とは、チアム族の先祖といふ犬神を祭る社で、これ等の地方には先住チアム族の集合せしが故にチアム語と見るを妨げぬ。尾張名古屋神、志賀海神社共にバビロニア系の神を祭る處であるが、併しこれは賀茂建角身神の賀茂と同じく、先住者の名稱と見るを隱當と信ずる。

海神社の祭神綿津見神は、和名抄に海神和太豆美と註し、ワタはアダの變化海又は海神の義、津見のツは助辭ノ、ミはチアム語の御、敬語で神の義、即ちアダツミは海神の義である。山神は本來チアム語で山咋といふに因れば山津見海津見は原語ではない。舊說にミを見知らす義とし、一說に津見を一語として解するも、併し武茅渟祇を建角身神といひ、日神を日高見、日積、火神を穗高見、穗積といふに因れば津はノ、ミは御で神の義と解するを穩當と信ずる。

三　祖先たる宇都志日金拆命、穗高見命一名穗己都久命

安曇連は海神の子宇都志日金拆命を祖先と申した。古事記に「阿曇連等者、其綿津見神之子、

穂己都久命は火神

穂高見命はホコミの命

穂高嶽はホコ（火神）の嶽

宇都志日金折命之子孫也」とも、姓氏録、未定雜姓に「安曇連于都斯奈賀命之後」と載せ、ウツシは日神ウツを現の義に誤解したるもので、正しく日神は海神の子といふバビロニア思想が我國に傳へられてゐる。姓氏録に「阿曇犬養、海神大和多罪神三世孫穂己都久命之後也」とある穂己は小市國造の裔が祖先として祭る御鉾神、伊豆國造の祖天蕤桙命のホコと同語、チアム語のホ（火）、コはヒコ、ヒルゴに同じく男性の語で火の男神の義、故に火神の稱である。海神の子が日神、その子が火神であるから海神より數へて三世に當る譯である。穂己都久とは火神を矛に誤解して突くといつた。また同書に「安曇宿禰、海神綿積豐玉彦神子穂高見命之後」とある穂高はホコと訓み、天津日高（日神）、日高見國、吉備高島（兒島）に同じく高はコと訓み、火神の義であつて穂己都久命と同名同神である。然るに之れを子といふは、古代は孫裔をも子といふ例であるから咎むるに足らないが、併し子は孫の誤であらう。

安曇連の一族は、古代に於て信濃國安曇郡を本居として穂高見神をその地に祭祀した。延喜式安曇郡穂高神社名神大とあるは、今南安曇郡東穂高村大字穂高に在る。物草太郎物語や信府統記に「穂高大明神は初め穂高嶽に天降りたまふ火瓊々杵尊なり」とあるは誤傳で、穂高を後世ホダカと訓むは迷誤である。穂高嶽は本來火神ホコに因る稱名なるが故に、火嶽の義にあらずしてホコ（火神）の嶽である。霧島山の東峯高千穂山を一に矛峯といふも、ホコ卽ち火神の

氷鉋斗賣神社

日鉋斗賣の名義

稱である。

又宇都志日金折命は、延喜式に更級郡氷鉋斗賣神社ありて、今稲里村大字下氷鉋にある。神祇志料に、

氷鉋斗賣神社、今下氷鉋按信濃國信濃村にあり。地名考、氷鉋戸部二村並に相隣れり。又按近世まで十七箇村の民本社を敬祭る、其七村を氷鉋郷といひ、十村を斗女郷と云ふとあるも又由縁あり。蓋安曇連の祖綿津見神の子宇都志日金折命及健御名方命、八坂斗賣命を合祀る。按隣郡安曇郡に穂高神社あり、綿津見神の子宇都志日金折命あるを思ふに、氷金斗賣神、疑らく此神の妹或は妃神にやあらむ。

此説の如きは斗賣神をチアム系の建御名方神の妻神八坂斗賣に混亂した。併し氷鉋斗賣は氷鉋と戸部二村の名稱であるが、本來名草戸畔と同語ベル（Bēl）主神首長の義、當社は信濃村に在りて信濃は更科のシナと同語、月神シン（Sin）に關係がある。氷鉋の名義、氷は倭人語の日、カナのカは博多のカに同じく助辭、ナはノで、日のベルの命の義であらう。これ等日神火神は主として信濃國安曇族に祀られ、海神は儺國安曇族に祭られた。安曇連が海神、日神、火神を祭

儺國を海神國といふ理由

るは我國に於ける天孫人種系一般の習慣に一致する次第である。

第三節　海神國名稱の由來

天孫人種系諸氏は、殆擧つて海神と日神火神等を並祭した。然るに獨安曇連のみを海神族といひ、儺國を海神國といひて和多津見神の本國本裔の如く想はるゝに至れる理由は如何。元來儺國の名が海神國の義なることは、原始時代に於て海神を崇祠したる爲であつて、一般に其の例多く敢て特異とするに足らないが、之れを安曇連と呼び、海上に由緣あるに至りたるは、全く儺津灣といふ天與の地の利を得たると、神功皇后三韓征伐以來出師の軍港として戰舟の根據として重要なりしと、勳功の顯著なりしこと、また海上の權力を制したる等によりて、應神天皇の朝海人部の宰領として海洋を領有したることが、海神國の威名を恣にしたる所以である。然るに舊說に記紀の火火出見尊の海宮神話の海神宮を以て儺國と爲し、或は海神族山祇族なるものありとするは甚しき迷誤で、それは原始時代に溯れば明瞭に知ることが出來る。火火出見尊海宮の神話は、本來神話の系統を異にし、それが天地海三神一致の思想によるものなるが故に史的事實ではない。これを儺國と爲すが如きは新神話時代の雰圍氣に包容せられて、其の背後に存する原始史の夢想だになきが爲である。

珍彦は日神稱名
椎根津彦神社

第七章　大和國造珍彦族と倭大神及若狹族、明石國造

第一節　大和國造珍彦族

珍彦は神武天皇東移に方り先導の功を以て平定の後、大和國造に定められ倭直の祖なることは、神武紀國造本紀等に載す。姓氏録に、

大和國神別地祇、大和宿禰、出レ自二神知津彦命一也。神日本磐余彦天皇、從二日向地一向二大倭國一、到二速吸門一、時有二漁人一乘レ艇而至。天皇問曰、汝誰也。對曰臣是國神名宇豆彦、聞二天神子來一故以奉レ迎也。卽牽二納皇船一、以爲二海導一、仍號二神知津彦一、一名椎根津彦。能宣二軍機之策一、天皇嘉レ之、任二大和國造一。是大倭宿禰始祖也。

と記す。珍彦は日神ウツで、日神を以て稱へたる名である。豐後國北海部郡佐賀關町縣社椎根津

珍彦祠

彦神社は、豊後國誌に、

珍彦祠、在二佐賀郷下浦一、祭二椎根津彦命一、乃珍彦命也。珍讀訓二宇津一、故土人誤曰二宇津宮一、此祠祭二舟具一爲二神體一。

宇津宮

早吸日女神社

と見ゆ。これによれば土人誤で宇津宮といふとあるも、決して錯誤にあらずして本來日神である。またこの佐賀關町上浦に縣社延喜式內早吸日女神社がある。日女は日神であつて、佐賀關海峽を古名速吸名門といひ、佐賀關の津を坂門津といふ。ツングース語のサカ（清）で本社に因る名稱と知られる。地名辭書等に早吸日女神社を以て診宮と爲すは混同の虞があるが、併し共に日神たる點よりすれば、本來早吸日女神社が珍宮なるを、後世祭神に疑惑を生じて別に珍宮たる椎根津彦神社を設けたる疑がある。とに角原始時代の祭祀に係る本社の如きが延喜式に掲げられざるは甚不審である。珍宮が原始時代の名であつて、椎根津彦は神武帝以後の稱とされてゐる。

珍宮

椎根津彦は南風神の稱名

一名椎根津彦はセミチック・バビロニアンのシユーチ（Shuči）南風の神の義で、又知津彦命のシリは鹽土老翁の鹽と同語、同じくシユーチの義、シユーチの神は海路守護神である。我

市磯邑は大和神社の地

國に於て鹽土神を仕吉神といひ、海路守護神として旅行の神として崇拜した。故に神武紀に、皇舟の海導者に特に神名を賜つた譯である。椎根津彦の名は記紀に因るに皇師先導による賜名なるが故に、この氏族の祀る神ではなく、本來橘小戸たる大隅國内山田が本源であらう。記に漁人に椎檣の末を授けて皇舟に牽き納るゝによりて、特に名を椎根津彦と賜ふとあるは、椎字に捉はれたる説話に過ぎぬ。

珍彦族は、本來日神を稱ふる氏族で、それが大和國造に定められて山邊郡大和郷に本居し、海神を大祖神として日神、火神と共に並祭した。此の氏を姓氏録に地祇に載せ、古事記に國神宇豆比古と記し、神武紀にも國神とあるは、國神猿田彦といふが如く新神話時代の思想であるから採るに足らぬ。

第二節　倭直祖市磯長尾市と倭大神

倭直の祖市磯の長尾市は倭國造で、崇神紀七年に「市磯長尾市を以て倭大國魂神の祭主とせば天下大平ならむ……長尾市を以て倭大國魂神の祭主と爲す」と見え、垂仁紀には大倭大神に作り、大倭直祖長尾市宿禰をして祭らしむと記す。市磯は大倭神社註進狀に「市磯邑後改レ名曰二大倭邑一」と記し、和名抄山邊郡大和郷、於保夜末止と註す。今山邊郡朝和

市磯の名義は五十鈴と同語

長尾市とはナグウツにて日神鎭護地の稱名

村大字新泉官幣大社大和神社の地である。

市磯の名義は伊勢國壹志郡と同語、五十鈴に同じく、セミチック・バビロニアンのイツズ(Ituzu)で、畏るべき尊むべきの義、長尾市の長は長狹、長屋の長に同じくナグ(鎭護地)で尾市は小市國造越智直のヲチと同語、ウチの變でナグウツ(日神鎭護地)である。新訓にナガヲイチとあるは迷誤、日神鎭祭地を以て呼稱するは、一般天孫人種系の習慣に一致する。長尾市が倭直祖なる由は右の外、垂仁紀に「倭直祖長尾市を播磨に遣して天日槍を問はしむ」とも「倭直祖長尾市を遣して野見宿禰を喚ふ」とも見え、この名は決して一箇人の名でなく祖孫の凡稱と知られる。

倭大神とは、海神たるヤーの大神の名稱で官幣大社大和神社である。日本書紀に、倭大國魂神と記し、ツングース又はチアム系の神に混淆するの虞あるに至れるは、後世の錯誤である(皇室と神祇の段參照)。大和神社の祭神といふ倭大神は、崇神の朝まで天照大神(ウチ大神)と共に宮中に同殿同床なりしを、日神は豊鍬入姫命に託して笠縫邑に祀り、倭大神は渟名城入姫命に託して祭らしめ、後ち倭直祖長尾市をして祀らしめられた。大和國造は國號よりするも本居地たる市磯の大倭邑に必ず祖神として海神と日神等を祭りたるべきは、一般天孫人種系の習慣によりて想定せらるるに、此の時に到りて皇室の倭大神(本來山田神)にも奉仕することになつた。崇神紀に、市磯の長尾市を以て倭大國魂神の神主とせば天下大平ならんとあるは、同紀に神の子大田田根子をして大物主神を祭らしめば、天下大平ならんといふに同じく、長尾市は海神ヤーの神裔たるを意味するが故である。大和國造本來所祭の倭神の史に見えざるは、恰も紀國造が皇室の日前神國懸神を祀るによりて、固有の名草神は裏面に埋沒するに至れると同例である。

大和國造の祀る日神

又大和國造は日神をも並祀した。それは神社啓蒙に「大和所攝宮、姫大神一座」とある姫大神は、縷說の如く日神なるが故に此の神は、本來大和國造の所祭たる趣が察知せられる。國造の祭る倭神は、同神たる倭大神に吸收せられて不明となりたれども、流石に日神は異神たる關係上存在する譯である。

第三節　大和國號は海神名

大和は海神ヤーの義

大和の名義は舊說に山處の意と爲すも徹底しない。ヤマトは山田、山津、八幡と同語、海神ヤーの轉訛で、トは助辭の變である。或は若しヤーマートであるならば、マート(maat)はセミチック・バビロニアンの國の義で、同語のグヌGnu(地方)よりは廣き意味を有する。併しヤーをヤマに變化し、トは八幡、山田、山津のタ、ツの轉で助辭なるが故に決してマートではな

大和國號は國造所祭神に起因す

日本の大號オホヤマト（大日本）國名の起因

い。然れば大和は單に海神ヤーの意で、大和邑官幣大社大和神社に起因する。併し其の本源は大和國造の祀る倭神に沿源するもので、決して皇室の山田神たるヤーの神に因るものでは無い。それは崇神帝の當時大神宮を笠縫より移されたる三諸宮の稱號は、チアム系たる大神族の祀る大神神社の三諸山に因る名稱で、尋で移されたる宇多の秋宮の稱號も、火神祭祀の阿紀神社による地名に起り、紀伊名草宮も、紀伊國造の祖名草（宇治）族の祀る名草神による地名に原因する譯なるが故に、大和國號も必ず國造所祭神に因ることが肯定せられる。

日本の大號をオホヤマト（大日本）といふは、上古烈聖奠都の國名に因るもので、その大和國名は大和邑に、其邑名は大和神社に、其社名は祭神ヤーの神に起る譯である。

第四節　若狹國珍彥族と若狹彥神、若狹比賣神

一　祭神と所祭氏族

若狹國遠敷郡遠敷村字龍前鎮座の國幣中社若狹彥神社は、古來若狹遠敷神社ともいひ、上下の二社がある。大日本國一宮記に、

龍前が海神遠敷驛が火神

若狹比賣神社は若宇佐日女たる火神

遠敷大明神、號二若狹彥神一、上社彥火火出見、下社豐玉姬妹玉依姬、

と記し、神名帳頭註に「若狹比古、火々出見一座。豐玉姬一座」と見ゆ。若狹の名義はワカウサで卽ちワカウツ（若日神）である。若日神は日神の子火神を意味する。又遠敷は和名抄に乎爾布と註し、小丹生である。官幣大社丹生都比咩神社、神武紀熊野の丹敷戸畔と同語、バビロンの火神ナブ（Nabu）の轉訛ニフである。祭神を火火出見尊といふは正傳なるが知られ、二社あるは海神火神並祀の古式である。傳說によれば、下宮は遠敷驛に在りて延喜式若狹比賣神社名神大とあるに當り、上宮は東南八町大字龍前に在りて延喜式若狹比古神社名神大に當るといふ。併し龍前は海神で遠敷驛は火神名であるから彥姬の社傳に錯誤がある。

遠敷驛の若狹比賣神社は姬にあらずして、倭人語の日女で日の女神の義、卽ち若日の女神で生田の稚日女尊と同神なるが故に火神である。本來海神も男神なるを後世分化神を女神として豐玉姬といふによりて、日女を姬に誤解して遠敷驛の社を女神とし、隨つて龍前の海神を比古神として火々出見命に迷誤するに至つた譯である。

本社を祭祀せる氏族に就ては神祇志料に、

火火出見尊は廣義の火神名

火神を火火出見命といふ例

菅生石部神社

遠敷神は傳へ云ふ、彦火火出見命豊玉媛也と、按に古事記、新撰姓氏錄に、大和國造大和宿禰は椎根津彦の孫裔也。又舊事本紀に、火火出見尊海神の女玉依姫を娶て生み坐る子武位起命は大和國造等祖とあるに依りて考ふるに、武位起命は即椎根津彦の父にして、火火出見尊は即其御祖に坐を以て、此國に住る大和氏其祖神を祭りし者なる事著く、且一宮緣起等の說又據あり。天長中和朝臣を本社の神主とせるも亦此故也。

と記し、大和氏たる珍彦族に依りて祀られたることが察知せられる。舊事紀皇孫本紀に「彦火火出見尊の御子武位起命、大和國造等祖」と載せ、皇孫の裔と爲す。舊說に珍彦は古事記に國神と記し、姓氏錄に、天孫部に收めずして地祇部に載せたれば、火火出見尊の裔といふは假冒に過ぎぬといふは一應尤であるが、併し之れを原始史から觀ると、此の氏族を國神地祇などいふは後世の思想に過ぎぬ。固より此の氏族は皇室と同祖とは思はれないが、併し同人種として海神日神火神等を祖先として祭るは、一般天孫人種系諸氏の風習であるから此の火火出見尊は廣義の意味に於ける火神なるを、誤て狹義に皇室關係として皇孫本紀に收めたるは舊事紀編者の錯誤である。火火出見尊を單に火神として祭られたる例は多々ある。國幣小社枚聞神社は火神の王の義で火火出見尊を祀り、國幣小社菅生石部神社は敷地村に在りて敷地天神ともいひ、富士と同語アイヌ語の火の義で、祭神は火火出見尊である。これ等は廣義の火神の義で決して皇室の御祖先を意味しない。大和氏の祖神といふ、火火出見も之れと同一である。併し皇室の火火出見尊も本來信仰上からは同神たることは云ふまでもない。

二　海神及水神として祀らる

若狹遠敷神は火神と海神とが並祭せられ、古來海人に渴仰せられ、又水神として崇拜せられた。それは東大寺要錄に、

　二月堂、今此堂者、實忠和尚之創草也。古人云、實忠和尚被始六時行法時、二月修中初夜之終、讀神名帳、勸請諸神、由茲諸神悉影響。或競興福祐、或諍爲守護。而遠敷明神恒喜獵漁、精進是希、臨行法之末、晩以參會、聞其行法、隨喜感慶、堂邊可奉獻閼伽水之由、所示告也。時有黑白二鵜、忽穿盤石、從地中出、飛居傍樹、從其二迹、甘泉湧出、香水充滿、則疊作石、爲閼伽井、其水澄映、世無旱涸、彼大明神、在若狹國遠敷郡、國人崇敬、具大威勢。前大川、川水砰磤、奔波涌流、由献其水、河末渴盡、俄無流水、是故俗人號無音河云々。然則二月十二日夜、至後夜時、練行衆等、下集井邊、向彼明神在所、加持井水、以加持力、故

其水盈滿。于時汲取入香瓶、不令斷絕、自爾相承遂爲故事。從天平勝寶之比、至于今時、及四百歲、雖經數百年、其瓶內香水、淸淨澄潔、飲者除患、身心無惱、猶如無熱池八功德水矣。

と載せ、漁獵の神、水の神なることが著しい。

バビロニアにて海神エアのアは一切の水を現はす語で海も河も區別しない。海神ヤーは水神たる神性を兼備した。我が國に於てもバビロニアの思想が傳へられてゐる。それは皇太神宮儀式帳に「攝社大水神社一處稱二大山罪乃御祖命一」。また「宇治山田神社一處稱二大水神ノ兒山田姫命一」と見え、水神といふ大山罪神は海神ヤーの轉訛神であり、その御子神といふ山田姫もヤーの變化神であり、この神は實に伊勢山田神で外宮奈具神の前身なるが故に、海神は水神たる思想である。

また火神も火雷神といふ俗信仰に因りて、泣澤女神或は天水分神として信ぜられたるは、籠神社の段參看を要す。

第五節　明石國造珍彦族と海神、明石神

一　明石國造と海神

播磨國明石に明石國造がある。國造本紀に「輕島豊明朝（應神）御世、大倭直祖同祖、八代足尼兒、都彌自足尼定賜」と記し、姓氏錄攝津國地祇、物忌直の條に「椎根津彦命九世孫矢代宿禰之後」とありて珍彦族である。日本書紀清寧天皇の段に、市邊押磐皇子の遺孤億計弘計二王を得たる播磨國赤石郡縮見屯倉首忍海部細目や續紀に「神護景雲三年、明石郡人海直溝長等十八人、賜二姓大和赤石連一」とあるは、國造族で海部の統領として、此の氏族は海神と明石神とを並祀した。

明石郡垂見に官幣中社海神社が在る。和名抄、垂水郷多留美と註し、神功紀の津守連祖田裳見宿禰、依網吾彦垂見などのタルミ、タモミも同語、セミチック・バビロニアンのタマトで、海神氏の稱號に用ひられた。祭神は綿津見三神である。神祇志料に「按に明石國造は倭國造の族にて、續日本紀神護景雲三年大和赤石連姓を賜ひ、後世に至て大和氏又在廳官人たる者あるに據らば、本社疑らくは明石國造の祭る所ならむ」とあるはそれに相違ない。

垂本神社を日向明神といふ

本社は一に垂水神社とも日向明神ともいふとある。大日本史に「播磨國內神名帳に海大神と垂水大神ありて、各別社に似たれども、意は本社三座にて其一座は海大神といひ、二座は垂水大神といふ。其實別社に非ず」と記す。垂水は本來海の義で海神の稱であるが、併し延暦八年の住吉大社司解狀に「帶須比賣乃命（神功皇后）自筑紫難波長柄に依坐て大神御言以て宣給はく、吾は玉野國あり、大垂海小垂海等に祀拜れむと宣給ふ」とあるに依らば、住吉神が並祀されたとも想はるるも、之は海神の地へ住吉神を祭りたる譯なるが故に本來垂見は海神名である。吉田東伍は、

西垂水の日向明神を明石國造の祭れる者と云說、頗る研究に足る。延喜式和州の春日三輪二所にも日向神社あり、（日向は比奈多とよむべし、著聞集、散木集に比奈多の語あり）明石の例を以て推せば、倭國造の祭れるもの也。唯其社殿の南面するより日向の名起れるに非ず、越後國式內青海神社も倭國造同祖青海首の祖廟なるが、其社人に日向氏あり。

と、其の疑問とする日向は海三神、住吉三神と共に日向の橘小戸阿波岐原、卽ち大隅國內山田

の海邊に現れ給ふ神なるに因りて日向明神といひ、その社號によりて氏人が日向氏を稱ふる譯で、日向をヒナタと訓むは、必ず日向國の古名であらう。

當社の鎭座を本社縁起に神功皇后三韓凱旋の時祭られしと爲すが如きは、殆海神、住吉神を祭る神社に通有思想であつて固より採るに足らぬ。

二　明石神は火神

明石神とは、明石町大字大明石に在る古來明石人丸祠といひ、今鄕社柹本神社と稱ふる神社である。和名抄明石鄕安加之と註し、名義は舊說に海中に赤石あるに因るといふは古事附に過ぎぬ。明石は明光浦に同じくバビロニアの火神アグ（Ak）の轉アカで、シはチアム語のシで敬語。後世火神を火災除の神卽ち火止の神と稱へ、遂に柹本人丸に誤解して種々附會せられた。今も火難除の神として崇拜せられたるは、其の由來を物語るに外ならぬ。然れば本社は疑ひもなく明石國造によりて、海神と共に火神を並祀せられたるに相違ない。同族たる若狹族の祀る遠敷神はセミチック・バビロニアンのナブの神で、これはスメル語のアグの神である。兩語とも混用せられたるが故に決して怪しむに足らぬ。

「天孫人種六千年史の研究　二」

解説

板垣英憲

鎌倉幕府初代将軍・源頼朝が１１８０年（治承4年）に鎌倉の大倉郷に頼朝の邸となる大倉御所を置き、幕府の統治機構の原型ともいうべき侍所を設置してから、武家政権が６８７年間続いた。徳川幕府の第15代将軍・徳川慶喜が１８６７年11月9日（慶応3年10月14日）に政権返上を明治天皇に奏上し、翌15日に天皇が奏上を勅許、明治維新（１８６８年）により天皇親政が始まると、「万世一系の天皇制」と日本民族のルーツについて、国民の関心が高まってきた。

明治の初めに来日して約12年滞在したスコットランド人貿易商のノーマン・マックレオドは１８７６年＝明治9年）に横浜で著書『本古代史の縮図』を刊行し、「アジアの中でも日本人だけが他の民族と非常に異なる風習・文化を持っている」と指摘した。

さらに「日本の文化が朝鮮や中国とも異なっているのは、2500年前に古代オリエント地方から東方に追放され、その後歴史から消えてしまった古代イスラエル10支族（失われた10支族）が、遥か東方の国日本にやって来て住み着いた」「天皇家は、古代イスラエルの王家の子孫である」などと唱えた。

これが「日ユ同祖論」の原典として持て囃され、1901年度版の『ユダヤ大百科事典』にも取り上げられ、多くのユダヤ人に感銘を与えるとともに、論争のタネとなった。その後、その引用文が『ユニバーサル・ユダヤ百科事典』に掲載され、これが今日に至るまで続いている。

これに対して、グローテフェントやローリンソンの影響を受けた原田敬吾は1917年（大正6年）7月、「バビロン学会」を設立し、「日本人シュメール起源説」を提示、8月に機関紙『バビロン』第1号を発刊した。これは、日本初どころか、世界初のことであった。

原田敬吾は、「シュメールの日の神ウト、海の神ヤーなどが、広く日本で崇拝された痕跡があること」、「創世神話、イシュタル女神の冥界下りなど、シュメール神話の多くが、日本神話に取り入れられていること」、「古事記のイザナギノミコトの服装が、シュメール君主の服装に合致すること」、「シュメール人は元来海辺の民で、航海術にたけていたこと」、「日本語の地理的名称にシュメール系の言葉が多いこと」などを論拠として挙げた。

シュメール学は現在とは比較にならないほど未熟だった。だが、この仮説は、極めてダイナミックであり、衝撃的であった。

原田説を継承し、発展させたのが「バビロン学会」会員であった愛媛県今治市大三島町宮浦にある伊予国一宮「大山祇神社」(伊予大三島神社)の三島敦雄神官であった。神社・古典に造詣が深く、1927年(昭和2年)12月『天孫人種六千年史の研究』を発行した。「日本人シュメール起源説」を600ページ近い大著で論証した。

万世一系の天皇制の第125代天皇陛下は、2019年(平成31年)4月30日に退位され、5月1日に第126代、新天皇陛下が即位される。皇紀2679年最大のビッグイベントである。

この万世一系の天皇制が世界に知られるキッカケをつくったのは、ドイツ北部ノルトライン=ヴェストファーレン州のレムゴーに牧師の息子として生まれた医師で博物学者のエンゲルベルト・ケンペル(1651年9月16日~1716年11月2日)の著書『日本誌』(1727年、遺稿を英語に訳させたスローンによりロンドンで出版され、フランス語、オランダ語にも訳された)だった。

ケンペルは、「16~17世紀に日本を訪れたヨーロッパ人は、万世一系の皇統とその異例の古さというセオリーを受け入れていた」と認識して、著書『日本誌』のなかで、「万世一系の天皇制」について、こう記述している。

「三番目かつ現在の日本の君主制、すなわち『王代人皇』『天神七代』『地神五代』に続くもの」ないし『祭祀者的世襲皇帝』は、キリスト前660年に始まり、それは中国の皇帝恵王、中国語の発音ではフイワン（周王朝の第17代皇帝である）の治世17年のことである。この時からキリスト紀元1693年まで、すべて同じ一族の114人の皇帝たちが継続して日本の帝位についている。彼らは自分たちが、日本国の最も神聖な創建者である天照大神の一族の最も古い支族であること、そしてその長男の直系であり代々そうである事を極めて重んじている」

また、ケンペルは著書の中で、日本には、聖職的皇帝（＝天皇）と世俗的皇帝（＝将軍）の「二人の支配者」がいると紹介した。

ケンペルは、江戸時代の1690年（元禄3年）、オランダ商館付の医師として、約2年間出島に滞在した。この間の1691年（元禄4年）と1692年（元禄5年）に連続して、江戸参府を経験し第5代将軍・徳川綱吉にも謁見した。

このころ、徳川将軍家御三家のひとつ水戸徳川家当主だった徳川光圀が始めた『大日本史』（神武天皇から後小松天皇まで、厳密には南北朝が統一された1392年（元中9年）／明徳3年までを区切りとする百代の帝王の治世を扱う。紀伝体の史書）の編纂中で、1672年（寛文12年）には編纂事業を本格化させ、駒込別邸の史館を小石川本邸（水戸藩邸）へ移転し、「彰考館」と改めた。ケンペルもおそらく水戸藩邸に招かれたことであろう。

光圀の1701年（元禄14年）1月14日死後も水戸藩の事業として二百数十年継続し、明治時代に完成した。1645年（正保2年）、光圀が学を志してから数えて261年（満260年）、16

57年（明暦3年）、光圀が史局を開発してから数えて249年（満248年）の歳月を要した。

ケンペルは1681年、スウェーデンのウプサラのアカデミーに移った際、知己を得たドイツ人博物学者ザムエル・フォン・プーフェンドルフの推薦でスウェーデン国王カール11世がロシア・ツァーリ国（モスクワ大公国）とペルシアのサファヴィー朝に派遣する使節団に医師兼秘書として随行することになった。ケンペルの地球を半周する大旅行はここから始まり、使節団は1683年10月2日、ストックホルムを出発し、モスクワを経由して同年11月7日にアストラハンに到着。カスピ海を船で渡ってシルワン（現在のアゼルバイジャン）に到着し、一月を過ごす。ケンペルは、この経験によりバクーとその近辺の油田について記録した最初のヨーロッパ人になる。さらに南下を続けてペルシアに入り、翌年3月24日に首都イスファハンに到着した。ケンペルは使節団と共にイランで20か月を過ごし、さらに見聞を広めてペルシアやオスマン帝国の風俗、行政組織についての記録を残す。彼はまた、最初にペルセポリスの遺跡について記録したヨーロッパ人の一人となる。

そのころ、ちょうどバンダール・アッバースにオランダの艦隊が入港していた。ケンペルは、使節団と別れて船医としてインドに渡る決意をし、オランダ東インド会社の船医として1年ほど勤務。その後、東インド会社の基地があるオランダ領東インドのバタヴィアへ渡り、日本への便船で、シャム（タイ）を経由して日本に渡った。1690年（元禄3年）、オランダ商館付の医師として、約2年間出島に滞在した。1691年（元禄4年）と1692年（元禄5年）に連続して、江戸に参府し将軍・徳川綱吉にも謁見する。

1692年、離日してバタヴィアに戻り、1695年、12年ぶりにヨーロッパに帰還。オランダのライデン大学で学んで優秀な成績を収め医学博士号を取得。故郷の近くにあるリーメに居を構え医師として開業した。

1712年、ようやく『廻国奇観』と題する本を出版。この本の大部分はペルシアについて書かれており、日本の記述は一部のみであった。『廻国奇観』の執筆と同じころ、『日本誌』の草稿である「今日の日本」の執筆にも取り組んでいた。だが、ケンペルは1716年11月2日、その出版を見ることなく死去した。

しかし、『日本誌』は、ディドロの『百科全書』の日本関連項目の記述が、ほぼ全て『日本誌』を典拠としていたことから、知識人の間で一世を風靡し、ゲーテ、カント、ヴォルテール、モンテスキューらも愛読し、19世紀のジャポニスムを促した。

その『日本誌』の付録として収録された日本の対外関係に関する論文は、徳川綱吉治政時の日本の対外政策を肯定したもので、『日本誌』出版後、ヨーロッパのみならず、逆に日本にも影響を与えた。

ドイツの言語学者で古代史家だったゲオルク・フリードリヒ・グローテフェント（1775年6月9日～1853年12月15日）は、古代ペルシア楔形文字を解読した。

歴史家カール・ルートヴィヒ・グローテフェントの息子としてハン・ミュンデンに生まれ、16歳まで故郷のラテン語学校に通ったのち、イルフェルトで教育学を学んだ。1795年にゲッティンゲン大学に入学して哲学と神学を学ぶ傍ら、ゲッティンゲンのギムナジウムで教鞭をとった。1803年にフランクフルト・アム・マインの国立ギムナジウムで主任となり、1806年から1821年まで同校の教頭を務めた。

グローテフェントはカールステン・ニーブールがアラビア探検の際に写し取ったペルセポリス碑文を元にして、1802年に古代ペルシア楔形文字部分の解読を行い、ゲッティンゲン大学に論文を提出した。ギリシャ語教師でもあったグローテフェントはアケメネス朝ペルシアの王名にも通じており、ペルセポリス碑文に出てくる二人の王名は同音（K）で始まるキュロスとカンビュセスではないと断定し、また長過ぎることからアルタクセルクセスでもないと推定した。

大英帝国の少将であった初代準男爵サー・ヘンリー・クレズウィック・ローリンソン（1810年4月5日~1895年3月5日）は、グローテフェントの業績を知らず、グローテフェントとほぼ同じ過程をたどって1835年に独自に同じ解読結果にたどりついた。

ローリンソンは、大英帝国チャドリントン生まれで、大英帝国東インド会社の陸軍士官、政治家、東洋学研究者で、「アッシリア学の父」と称されることもある。

ローリンソンは、楔形文字の解説に成功した英軍人であった。ベヒストゥーン碑文の楔形文字を書き写し、そこで採集した文字を研究して、１８４７年にその成果を発表した。

ローリンソンは、大王ダレイオス1世が、紀元前５２２年夏のペルシア皇帝としての即位から、紀元前４８６年に没するまでの間のいずれかの時点で刻ませた古代ペルシア語（Old Persian）、エラム語、バビロニア語（後期のアッカド語）の３言語で刻まれた文章のうち、古代ペルシア語の部分を転記しはじめた。

それは、ドイツ人のグローテフェントの解読を一歩進め、文字の解読のみならず、文法の解明まで成功した。その成果は１９６１〜64年の「西アジア楔形文書集成」で集大成となった。

大正年間になって、バビロニア語を学んだ原田敬吾がこのケンペル説を踏まえ、新たに「日本人シュメール起源説」を発表した。

「人類発生の原点とみられる西アルメニア高原から流れ出す、チグリス・ユーフラテス川下流域の沃野シュメールの地――この平原こそ、人類最初の楽園〝エデンの園〟（シュメール語でエディンとは平野のこと）であり、日本民族の祖先もここから移り住んできたのだ」

バグダッドから南に約１３０㎞のところに古代バビロンの遺跡がある。この遺跡は20世紀初頭にコルデヴァイというドイツ人学者が大規模な発掘を行った。メソポタミア南部では紀元前２０００年頃にシュメール人の国家が姿を消した後もバビロンを中心にいくつもの国家が繁栄したという。コルデヴァイが掘り出したのは紀元前7世紀から6世紀頃の栄えた新バビロニア王国の遺跡だった。

バビロンはもともとシュメール人が建設した都市にセム系のアムル人が進入して紀元前１８９０年頃に王朝を開いたとされている。これが「目には目を」で有名なハンムラビ王を輩出した古バビロニア王国である。

ところがこれらの古い遺跡はユーフラテス川が氾濫したときに川底に沈んでしまったようで、今日見られるのは、その上に築かれたネブカドネザル２世などで知られている新バビロニア王国の遺跡である。イラクはそれほど長い歴史を有する国である。

この遺跡の中心はイシュタル門と呼ばれる龍や牡牛をかたどった彩色煉瓦で作られた大門とそこから続く高い壁に囲まれた大通りである。オリジナルのイシュタル門は、ベルリンにあるペルガモン博物館にあり、バビロンにも複製が建てられている。聖書で有名なバベルの塔（7階建てで90ｍの高さがあった）や、古代ギリシャの旅行家ヘロドトスなどが賞賛し、古代7不思議の一つに数えられていて、「空中庭園」もあったとされている。

三島敦雄神官は、モリス・ジアストロー著『バビロニア及アシリア文明論』『バビロニア及アシリアの宗教信仰実行の模様論』、ブルーノ・マイナス―著『バビロニア及アッシリア論』その他類種の内外図書から遺跡などの写真を『天孫人種六千年史の研究』に証拠品として多数引用している。

ところで、１９２４年（大正13年）、山口県下関市の南端にある彦島は、関門海峡の「武蔵・小次郎の決闘の場」、巌流島として有名である。これを真下に見下ろす形でこんもりとした「杉田丘陵」には、頂上に1メートル角大の岩が数個あり、最も大きい平たい岩に不思議な絵とも文様ともつかぬものが見つかった。これはおそらく紀元前2500年から紀元300年代にかけてつかわれた古代文字「彦島のペトログラフ」だと言われている。この遺跡の岩から、シュメール、フェニキア系の岩刻文字が続々と発見された。岩刻文字は、シュメール文字や古代バビロニア文字などで刻まれており、世界的な民族移動があったと考えられている。これらの文字が、古代シュメール・バビロニア起源の楔形文字であることは、綿密な国際的比較考証によって確認済みという。

読売新聞が1969年（昭和44年）6月12日、「天竜川中流域の静岡県水窪町で、紀元前600年頃と推定される、文字が刻まれた石（水窪石）が発見された」と報じた。古代文字に詳しい専門家が解読した結果「バルーツ（女神）ガシヤン（男神）に奉る」と書かれていることが判読できた。

バルーツとは、フェニキア民族の根拠地・シリア地方の自然神バールの女性形同一神である。シリアの南、レバノンあたりに住み、レバノン杉を使って「タルシシュ船」（宝船）を造り、航海術を駆使して、海の遊牧民と言われる海洋交易民族で、トルコのビザンチオン（イスタンブール）、ロードス島、キプロス島、シチリア島、クレタ島、ギリシャのアテネやスパルタ、北アフリカ・カルタゴなど、地中海全域に根拠地を建設し、スーダンの金やレバノン杉などを海洋交易していた民族である。このほかフェニキア人は、当時スペインやフランスに居住していたケルト人と、鉱山開発や貿易を通じて協力関係にあった。ケルト人は、ドナウ・ライン・セーヌ・ロワール川などの河川を利用した交易集団でもあった。フェニキア船団は、ケルト人やユダヤ人、エジプト人やギリシャ人などが混在する多民族混成旅団だった。シュメール・バビロニア民族が、日本を目指すのに「海路」によったと言われている。フェニキアの船（宝船）と航海術が多いに役立ったはずである。

フェニキアという名は民族の守護神・フェニックス（不死鳥）に由来し、ガシアンは鳥＝主神という意味。同様の文字は、アケメネス朝ペルシャの円筒印章やパキスタン岩絵、インド洞窟画、中国岳神図、朝鮮石壁文字、さらには北米東海岸・ニューハンプシャー州ミステリーヒル碑文からも発見されている。

フェニキア人はBC1500年頃、アルファベットを実用化した。

さて、こうした観点から推察すると、おそらくフェニキア船団員は、現在「糸魚川・静岡構造線」として知られている断層線に沿って、「山師」として金銀銅鉄などの鉱脈を探していたものと考えられる。その名残が、古代文字を刻んだ石（水窪石）に留められたとも言えよう。

板垣英憲　いたがき えいけん

昭和21年８月７日、広島県呉市生まれ。中央大学法学部法律学科卒、海上自衛隊幹部候補生学校を経て、毎日新聞東京本社入社、社会部、政治部、経済部に所属。福田赳夫首相、大平正芳首相番記者、安倍晋太郎官房長官、田中六助官房長官担当、文部、厚生、通産、建設、自治、労働各省、公正取引委員会、参議院、自民党、社会党、民社党、公明党、共産党、東京証券取引所、野村證券などを担当。昭和60年６月、政治経済評論家として独立。著書多数。

※本書は1927年、スメル学会より刊行された『天孫人種六千年史の研究』の復刻版です。
本文中に含まれる伏字は復刻版として原稿をそのまま掲載したものです。予め、ご了承ください。

奪われし日本【復活版】シリーズ003

［復刻版］天孫人種六千年史の研究 二

第一刷 2023年9月30日

著者 三島敦雄

解説 板垣英憲

発行人 石井健資

発行所 ともはつよし社
〒162-0821 東京都新宿区津久戸町3-11 TH1ビル6F
電話 03-5227-5690 ファックス 03-5227-5691
http://www.tomohatuyoshi.co.jp infotth@tomohatuyoshi.co.jp

発売所 株式会社ヒカルランド
〒162-0821 東京都新宿区津久戸町3-11 TH1ビル6F
電話 03-6265-0852 ファックス 03-6265-0853
http://www.hikaruland.co.jp info@hikaruland.co.jp

振替 00180-8-496587

本文・カバー・製本 中央精版印刷株式会社

DTP 株式会社キャップス

カバーデザイン takaokadesign

編集担当 TakeCO/Manapin

ISBN978-4-86742-302-8

ヒカルランド　好評既刊！

地上の星☆ヒカルランド　銀河より届く愛と叡智の宅配便

もう隠せない
真実の歴史
世界史から消された謎の日本史
著者：武内一忠
四六ソフト　本体 2,500円+税

ヒカルランド　好評既刊!

奪われし日本【復活版】シリーズ

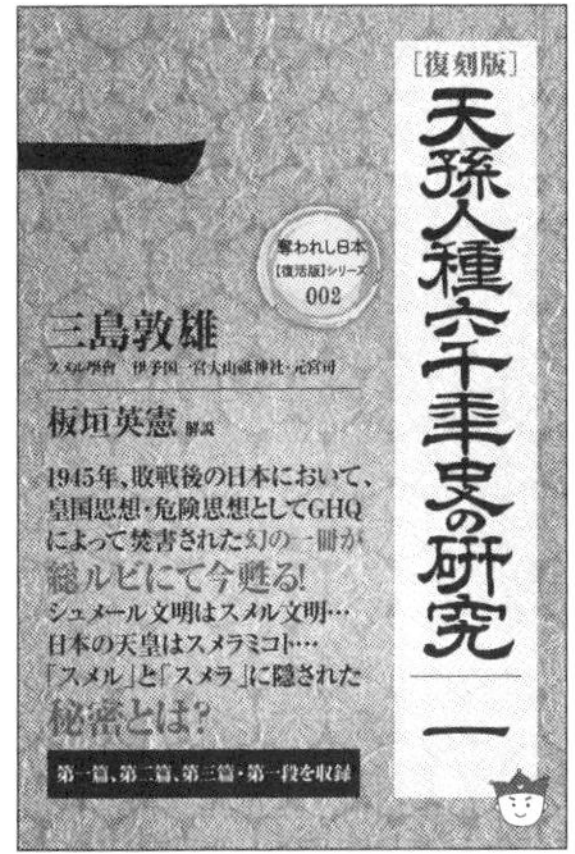

[復刻版] 天孫人種六千年史の研究
【第1巻】
著者：三島敦雄
解説：板垣英憲
四六ソフト　本体 3,000円+税

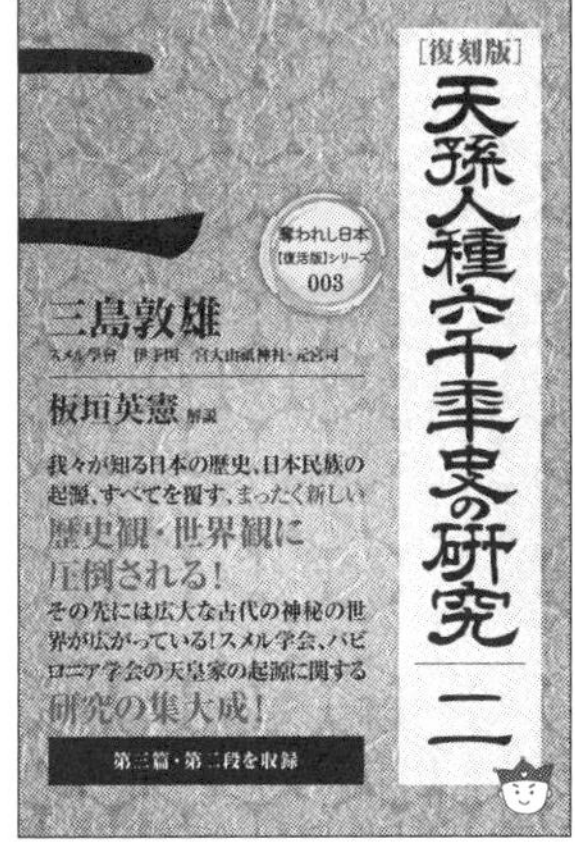

[復刻版] 天孫人種六千年史の研究
【第2巻】
著者：三島敦雄
解説：板垣英憲
四六ソフト　本体 3,000円+税

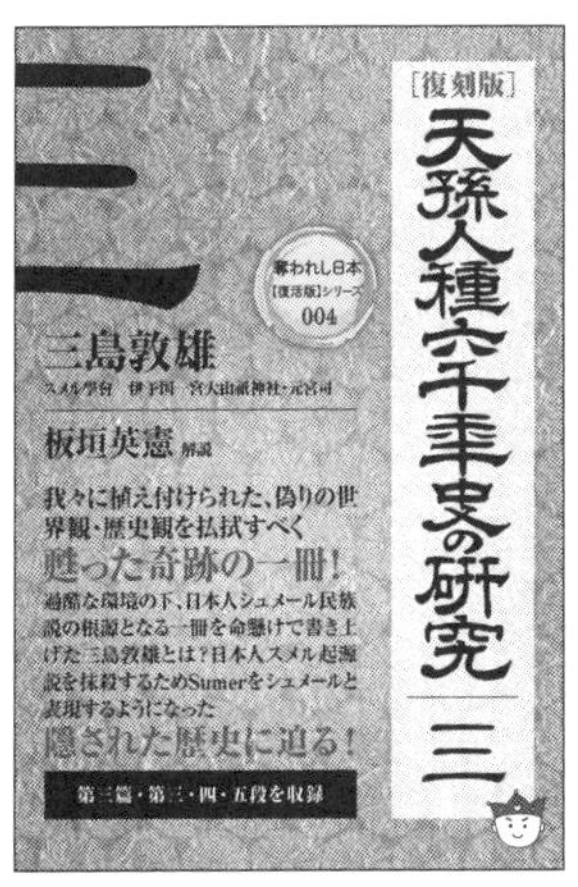

[復刻版] 天孫人種六千年史の研究
【第3巻】
著者：三島敦雄
解説：板垣英憲
四六ソフト　本体 3,000円+税

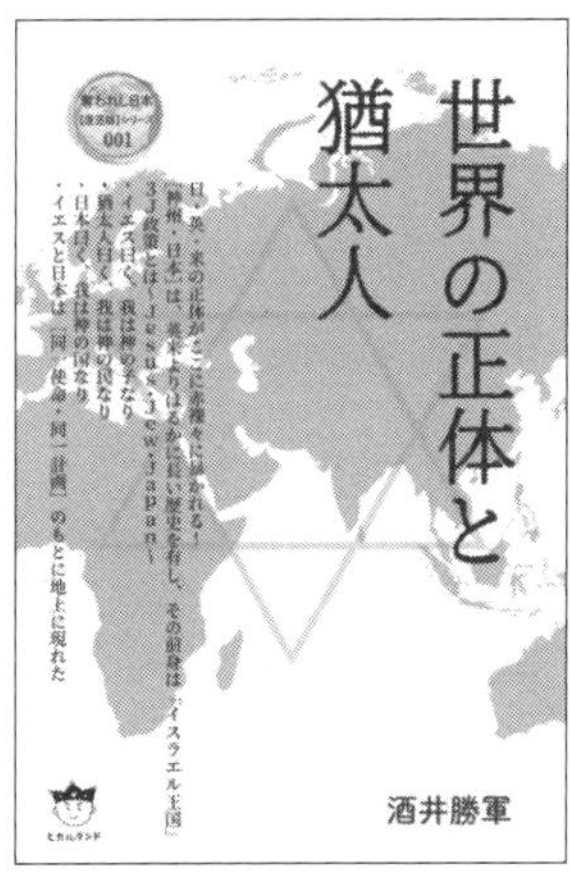

世界の正体と猶太人
著者：酒井勝軍
四六ソフト　本体 3,000円+税